코리안 디아스포라의 현지적응과 정착기제

저자

임채완 전남대학교 세계한상문화연구단 전 단장
전남대학교 정치외교학과 명예교수, 정치사회학 박사

선봉규 전남대학교 세계한상문화연구단 연구교수, 정치학 박사

지충남 전남대학교 세계한상문화연구단 연구교수, 정치학 박사

전형권 전남대학교 세계한상문화연구단 연구위원, 정치학 박사

전남대학교 세계한상문화연구 6차 총서 01

코리안 디아스포라의 현지적응과 정착기제

2017년 6월 25일 초판 인쇄
2017년 6월 30일 초판 발행

지은이 | 임채완 · 선봉규 · 지충남 · 전형권
펴낸이 | 이찬규
펴낸곳 | 북코리아
등록번호 | 제03-01240호
주소 | 13209 경기도 성남시 중원구 사기막골로 45번길 14 우림 2차 A동 1007호
전화 | 02-704-7840
팩스 | 02-704-7848
이메일 | sunhaksa@korea.com
홈페이지 | www.북코리아.kr
ISBN | 978-89-6324-558-4 (93300)

값 15,000원

• 이 저서는 2016년 대한민국 교육부와 한국연구재단의 지원을 받아 수행된 연구임 (NRF-2016S1A5B8925665)
This work was supported by the Ministry of Education of the Republic of Korea and the National Research Foundation of Korea(NRF-2016S1A5B8925665)

전남대학교 세계한상문화연구 6차 총서 01

코리안 디아스포라의
현지적응과 정착기제

Korean Diaspora: Acculturation and Settlement

임채완 · 선봉규 · 지충남 · 전형권

북코리아

| 총서를 펴내며 |

이 총서는 전남대학교 세계한상문화연구단이 2010년도 한국연구재단 대학중점연구소지원사업으로 선정된 "민족분산과 지구적 소통으로서 디아스포라 연구"라는 연구과제 중 제2단계 "동북아 디아스포라의 초국가적 성격"이라는 3년간의 연구과제 중 제1차년도에 해당되는 내용으로 지난 1년간 수행한 연구결과물을 엮어 책으로 출간한 것이다. 향후 연구소의 중점연구는 계속해서 제2단계 3년간 "동북아시아 디아스포라의 초국가적 성격", 제3단계 3년간 "디아스포라 공동체와 지구적 소통"이라는 주제로 총 9년간에 걸쳐 수행되며 연구결과물은 매년 총서로 출판될 예정이다.

본 연구단이 수행하고 있는 중점연구 제2단계의 연구목표는 한국, 중국, 일본 등 동북아 이산민족들의 현지적응과 정착기제를 초국가적인 관점에서 비교함으로써 이들 국가에서 발생한 이산민족의 보편성과 특수성을 규명하는 데 있다. 또한 이론적으로 베르브너(Werbner)가 정의한 '디아스포라의 위치(Place of Diaspora)' 개념과 초국가주의(Transnationalism)의 개념을 활용하여 탈영토적 '경계(Border)'에 걸쳐 사는 이주민들의 초국가적인 삶을 재해석하는 데 목표가 있다. 그리고 글로벌 동북아 디아스포라가 거주국에 정착하는 과정에서 부딪히게 되는 '물리적 경계(Boundary)'가 어떤 방식으로 그들을 타자화시키고 배제되는 심리적 경계로 고착화시켰는지, 그리고 모국에 대한 디아스포라들의 상상력은 어떻게 형상화되었고 다중정체성(Multiple-Identity)을 발현시켰는지를 밝히는 데 초점을 두고 있다.

구체적으로 제2단계 3년간 수행될 연구내용을 살펴보면, 제1년차에는 동북아 이산민족(해외 한인, 화인, 일계인)의 현지적응과 정착기제를 연구하였다. 모국을 떠난 동북아 디아스포라들이 이주지에서 현지사회로부터 경험한 배제와 타자화의 기제에 대하여 구체적인 사례와 자료수집을 통해 규명하였다. 또한 동북아 디아스포라 이주자들이 어떻게 현지에 적응해 나갔는지에 대한 현지적응 기제(Mechanism)를 상세히 밝혔다. 제2년차에는 해외 한인, 화인, 일계인의 다중정체성과 모국과의 연계성을 비교 연구하는 작업을 계획하였다. 본 연구 과제를 수행하기 위해 모국에 대한 동북아 디아스포라의 송금, 모국에 거주하는 가족 내지 친척과의 교류와 방문 정도, 모국에 대한 기대와 희망 등을 심층 조사할 것이다. 그리고 도상학(Iconography)의 관점에서 동북아 디아스포라가 갖는 '모국신화'와 '상징' 기제를 조사하여 모국에 대한 기억장치가 어떻게 각인되었고, 실제로 어떻게 작용하였는지에 대하여 분석하고, 연구과정에서 발굴한 자료들을 가공하여 문화콘텐츠로 개발할 것이다. 제3년차는 동북아 디아스포라의 사례를 통해 동북아 이산민족의 초국가적 성격에 대한 비교 연구를 진행할 것이다. 연구 수행을 위해 동북아 민족분산을 유형별(Typology)로 분류하고 이주의 보편성과 특수성을 개념화하는 이론 작업을 시도할 것이다. 또한 동북아 각국에서 국제이주를 유발하는 요인과 이주를 수용하는 요인이 무엇인지를 비교 연구할 것이다. 이러한 연구를 통해 궁극적으로 동북아 디아스포라의 초국가적 성격을 도출해 낼 것이며 동북아 3국 간의 민족분산의 유의미한 차이점을 도출하고 이를 민류학적인 개념의 틀로 설명하고자 한다. 2단계 3년간의 연구 성과는 아카이브 작업을 통해 '디아스포라 문화자원 DB'로 구축하여 후속연구에 유용한 자료를 제공할 것이다.

연구단은 지금까지 5차 총서로서 제1단계 제1차년도 연구총서는 『코리안 디아스포라: 이주루트와 기억』, 『화교 디아스포라: 이주루트와 기억의 역사』, 『일계인 디아스포라: 초국적 이주루트와 글로벌 네트워크』 등 총 3권으로 출판하였다. 제2차년도 연구총서는 『코리안 디아스포라의 집단적 기억과 재영토화』, 『화교 디아스포라의 집단적 기억과 재영토화』, 『일계인 디아스포라의 초국적 공간 이동과 재영토화』 등 총 3권으로 간행하였다. 제3차년도 연구총서는 『코리안 디아스포라의 혼종성과 문화영토』, 『화교 디아스포라의 혼종성과 문화영토』, 『일계인 디아스포라의 혼종성과 문화영토』 등 총 3권으로 출판하였다. 이상과 같이 제1단계 3년간의 연구총서는 연구단 5차 총서로서 총 9권으로 출간하였다. 이번에 출간하게 될 2단계 제1차년도의 연구총서는 『코리안 디아스포라의 현지적응과 정착기제』, 『화인 디아스포라의 현지적응과 정착기제』, 『일계인 디아스포라의 문화적응과 정착기제』의 총 3권으로 출간되며, 향후 3년간 6차 총서로서 총 9권으로 출간될 예정이다.

중점연구 제2단계 제1차년도는 "해외 한인, 화인, 일계인의 현지적응(Acculturation)과 정착기제(Settlement) 연구"라는 주제로 비교 연구를 수행하였다. 본 연구소는 해외한인 연구팀, 해외화인 연구팀, 해외일계인 연구팀 등 3개 팀으로 구성하여 한·중·일 3개국을 중심으로 동북아 디아스포라의 새로운 정착지에서의 현지적응과 정착기제를 비교 분석하였다.

연구방법은 한인, 화인, 일계인의 3개국 사례연구팀을 조직하여 이들 해당 지역에 대한 현지조사를 통한 심층면접과 참여관찰을 진행하였다.

또한 이들 동북아 이산집단의 경험을 비교적 온전히 증언할 수 있는 면담자를 선정하여 이주민의 차별과 배제의 경험에 얽힌 구술자료를 수집하고 이를 채록하여 연구자료로 활용하였다. 이 연구는 먼저 국내에서 문헌연구를 바탕으로 현지 설문조사와 면접조사를 실시하였다. 국외 지역으로는 중국, 일본, 카자흐스탄, 동남아 싱가포르 및 말레이시아, 그리고 국내지역으로는 인천과 부산 차이나타운, 서울 동부이촌동 일본인타운 등을 방문하여 현지조사를 실시하였다. 중점연구의 세부팀별 연구성과 및 수집자료는 다음과 같다.

한인팀은 제2단계 1차년도의 연구과제로서 '해외한인의 현지적응과 정착, 그리고 차별 및 배제 조사'를 수행하기 위해 문헌연구와 현지방문 및 설문조사를 실시하였다. 문헌연구는 중국조선족, 재일한인, 고려인 등 해외한인의 현지 사회적응 및 차별에 관한 선행연구(논문, 단행본)를 검토하였다. 현지방문조사는 일본 오사카 이쿠노쿠 코리아타운을 방문하여 재일한인의 현지 적응과 차별에 관한 기초자료 수집과 설문조사 및 인터뷰조사를 진행하였다.

중국조선족의 현지적응 및 차별에 관한 현지조사는 현지 협력 연구원(중국 연변대 김홍매 교수)을 활용하여 기초자료 수집과 설문조사를 실시하였다. 중국조선족의 현지 사회적응 및 차별, 생활 만족도에 관한 기초자료 수집활동은 예산상의 문제로 현지 협력 연구원의 협조를 통해 간접적으로 진행하였다. 중국조선족에 관한 설문조사는 연변조선족 자치주 - 연길, 화룡, 용정, 도문, 돈화, 훈춘, 안도, 왕청 등 - 에 거주하고 있는 조선족을 대상으로 실시한 결과 250부를 회수하여 분석에 활용하였다.

재일한인의 현지적응 및 정착기제에 대해서는 오사카 이쿠노쿠 코리아타운－미유키모리, 쓰루하시, 이마자토 등－을 방문하여 재일한인의 현지 사회 생활상과 코리아타운의 공간적 특성 등을 살펴보았다. 먼저 미유키모리 상점가는 약 150여 개의 가게가 성업 중에 있었으며, 주로 재일한인 김치 및 반찬 가게, 식당, 한복점, 한류숍 등이 운영되고 있었다. 그리고 일부 일본인이 운영하는 가게와 식당, 마트 등이 함께 어우러져 있었다. 특히 상점가는 주말의 경우 수많은 일본인 관광객들이 몰려들어 '제2의 명동 거리'라고 부를 정도로 재일한인과 일본인의 공존·공생이 이루어지고 있는 장소였다.

가령 오사카 이쿠노쿠 코리아타운에 있는 '에덴다방'은 재일한인(2세) 할머니들에게 특별한 장소이다. 이곳은 재일 2세 할머니들이 주로 찾는 곳으로 오전 9시부터 정오까지 모여 토스트와 커피를 먹으면서 외로움을 달래고, 다양한 정보를 나누며, 한인의 정체성을 확인하는 장소로 이용되어 왔다. '에덴다방'을 운영하는 이복숙 사장은 한국 현대사의 질곡을 온몸으로 체험한 산증인이다. 이복숙 사장은 제주도 신촌이 고향으로, 1948년 4·3항쟁의 직접적 피해자이다. 4·3무장대 '이덕구' 사령관이 작은아버지였던 탓에 모국뿐만 아니라 일본에서도 자신의 정체성을 숨기고 살아야 했다.

미유키모리 상점가는 올드커머와 뉴커머가 공존하는 지역이다. 특히 2000년대 초반 한류가 급속히 확산되면서 한류스타 관련 상품을 판매하는 한류숍 운영이 급성장하였다. 이와 더불어 한국의 김치, 반찬, 음식 등이 유행하게 되었다. 한류의 확산으로 미유키모리 상점가는 올드커머와 함께 뉴커머들이 정착하게 되었다. 뉴커머들은 주로 김치 및 반찬 가게, 식당, 한류숍 등을 운영하고 있다.

오사카 이쿠노쿠에 거주하고 있는 재일한인의 현지 사회적응 및 차별, 그리고 생활 만족도와 관련하여 면접조사를 수행하여 총 13건의 구술자료를 수집하였다. 구술자료의 내용을 살펴보면, 현재 오사카 이쿠노쿠에 거주하고 있는 재일한인들은 한마디로 '갈등과 공생'의 끼인 존재로서의 삶을 살아가고 있다. 먼저, 재일 2세와 같은 고령자 층에서는 현지사회에서 이방인으로서의 자신의 정체성을 인정하고 있으며, 그 결과 현지사회의 불합리한 정책에 대해 적극적으로 주장하기보다는 주변 사람들을 통해 해결하고자 하는 성향을 가지고 있다. 재일 2세들은 자신들의 디아스포라적 삶과 경험에 비추어 자녀들의 주류사회 진출을 위해 포용적인 태도를 가지고 있다. 예컨대, 일본학교 입학, 일본인과의 결혼, 일본 국적 취득 등과 같은 예민한 사안에 대해 이들은 자녀들이 현지사회에서 성공할 수 있다면 허용하는 입장을 보이고 있다.

재일 3세의 경우는 다양한 유형의 입장을 견지하고 있다. 먼저, 재일한인의 민족정체성을 유지, 계승하는 데 적극적인 활동을 전개하고 있는 그룹이 있다. 이들은 소·중학교에서의 교육운동, 즉 민족학급 운영을 통해 재일동포 어린이들의 민족교육을 담당하고 있으며, 재일한인의 인권보장과 권익옹호를 위해 적극적으로 사회운동을 지향하는 이들도 존재한다.

또 하나는 '자이니치'로서의 정체성을 인정하는 그룹이다. 이들은 어디에도 구속되어 있지 않아 제3의 시각에서 자유롭고, 다양하게 생각하고 바라볼 수 있는 장점을 가지고 있다. 즉 이들은 '관조적인' 삶을 지향하고 있으며, 다양한 부문에서 사회적 관계를 형성하고 문화예술 활동에 적극적이다. 마지막으로 재일 3세들 중 일부는 일본사회에 적극적으로 진출하기 위한 수단으로서 귀화를 선택하고 있다. 이들은 현지사회에서 살아가는데 실제로 많은 어려움에 직면하게 되는데, 이러한 한계를 극복하고 주류사회에 편입하기 위해 귀화를 선택한다. 더불어 민족교육의 한계로 한국어 능력이나 한국에 대한 이해도가 현저히 낮다는 것 또한 귀화의 배경이 되고 있다.

오사카 이쿠노쿠 재일한인들은 현지사회의 차별과 배제 정책으로 주변인 내지는 경계인으로서 정체성을 유지하고 계승하기 위한 다양한 전략을 취해왔다. 먼저 재일한인들은 '민족학급'을 개설하여 민족정체성 교육을 실시하고 있다. 현재 오사카시립 소·중학교 가운데 106개교에 민족학급이 개설되어 운영되고 있다. 오사카시립 소학교에 개설된 민족학급의 재학아동 수는 1,020명이며, 중학교에 개설된 민족학급 재학생 수는 627명에 이른다.

오사카 지역 재일한인들은 다양한 부문에서 시민단체를 조직하여 자신들의 인권보호와 권익신장 운동을 벌이고 있다. 대표적으로 '코리아 NGO센터'(http://korea-ngo.org)가 있다. 이 단체는 2004년 3월 27일에 재일한국민주인권협의회, 민족교육문화, 원코리아페스티벌실행위원회 등 3

개 단체가 통합되어 설립되었다. 주요 활동은 재일한인의 민족교육권의 확립과 다민족다문화 공생사회의 실현, 재일한인 사회의 풍부한 사회기반 창조와 동아시아에서의 코리안 네트워크 구축, 남북 및 일본 간의 시민 NGO 교류협력 사업의 전개와 시민사회의 상호발전 촉진 등으로 남북통일과 '동아시아 공동체' 형성에 기여하고 있는 것으로 나타났다.

오사카 대한기독교회는 재일 1~2세들의 안정적인 생활을 위하여 '노인대학'을 개설하여 운영하고 있다. 이와 유사하게 오사카 성공회 이쿠노쿠센터에서는 지역 재일한인 할머니들을 대상으로 매주 월, 수, 금요일에 점심을 제공하는 프로그램을 운영하고 있다. 오사카 이쿠노쿠 코리아타운에는 주로 제주도 출신자들이 집중 거주하고 있어, 매년 제주 4·3항쟁 희생자 위령제를 지내고 있다. 이와 같이 재일한인들은 현지사회에서 민족정체성을 유지하고 계승하기 위한 다양한 프로그램을 운영하고 있으며 현지 주민과의 공생을 위한 전략도 취하면서 현지적응과 정착에 노력하고 있는 것으로 나타났다.

그 밖에 한인팀 현지조사에서는 주로 오사카 이쿠노쿠 코리아타운에서 미유키모리 상점가, 쓰루하시 시장, 이마자토 등을 탐방하였다. 조사내용은 재일한인의 이주과정 및 이주경로, 현지 사회적응 및 정착 과정, 차별 경험, 현지 생활 만족도, 민족교육 및 정체성 등이었다. 구술조사는 이복숙(에덴다방 운영), 윤영희(재일 2세), 이상호(김치 공장 직원), 이경일(재일 2세), 오광현(성공회 오사카 이쿠노쿠센터 총간사), 김홍종(노동자), 김광민(코리아NGO센터 사무국장), 박희환(재일기독교 오사카교회 부목사), 임고홍(재일 3세) 등을 대상으로 실시하였다. 도서 및 단행본 수집자료는 『재일한인의 역사』, 『오사카 이쿠노쿠의 역사와 문화』, 『4·3으로 떠난 땅, 4·3으로 되밟다』, 『성공회 오사카 이쿠노쿠센터 10주년기념집』, 『민족기금뉴스』, 『제주 4·3항쟁 66주년 희생자 위령제 자료집』등이었다. 사진자료는 오사카 이쿠노쿠 코리아타운(미유키모리 상점가, 쓰루하시 시장, 이마자토 타운 등 150건), 오사카 이쿠노쿠 나카가와 소학교 민족학급 시업식 사진 20건, 제주도 4·3사건 66주년 재일본 제주 4·3사건희생자 위령제 사진 10건, 오사카교회 노인대학 사진 10건, 성공회 이쿠노쿠센터 복지활동 사진 10건, 코리아NGO센터 사진 5건 등을 수집하였다. 설문조사는 재일한인회 홍성협 부회장의 협력으로 도쿄 거주 재일한인을 대상으로 총 150부를 수집하여 이 책의 분석에 활용하였다.

화인팀은 제2단계 제1차년도의 연구과제를 수행하기 위해 문헌연구와 더불어 말레이시아와 인도네시아 지역 현지조사를 진행하였다. 현지조사는 모국을 떠난 화인 디아스포라의 현지적응과 정착기제를 탐구하기 위해 2014년 2월 8일부터 18일까지 말레이시아 쿠알라룸푸르, 인도네시아 자카르타 등을 방문하여 조사를 진행하였다.

현지조사는 구술조사와 설문조사를 병행하여 화인 디아스포라의 현지적응 실태 및 정착기제를 탐구하였다. 모국을 떠난 화인 디아스포라의 현지정착 실태를 분석하고, 나아가 모국을 떠난 이들이 현지사회로부터 경험한 배제와 타자화 기제를 파악하기 위해 구술조사와 설문조사를 실시하였다.

구술조사는 인도네시아에 거주하는 화인 디아스포라를 대상으로 진행하였으며, 총 11건의 녹취자료를 수집하였다. 구술조사에 참여한 연구대상자는 화상, 화인 전문가, 그리고 화인학교, 화인단체, 화인신문 등 다양한 분야의 관계자로서 현지 화인 디아스포라 사회를 이해하는 데 도움이 되는 인물을 위주로 선정하였다. 연구자는 구술조사 참여자에게 연구 목적을 충분히 설명한 후 반구조화 된 질문지를 사용하여 자유롭게 구술을 진행하였다. 구체적으로 인도네시아 화인 디아스포라의 현황과 사회생활, 현지적응 실태, 적응 과정, 현지인과의 갈등 등에 초점을 두고 구술조사를 진행하였다. 조사과정에서 연구자는 구술 내용뿐만 아니라, 참여자들의 반응과 표정, 조사가 끝나고 면접에서 느끼고 생각했던 내용을 메모하여 분석자료로 활용하였다.

동남아 화인 디아스포라에 대한 설문조사는 현지 연구조사 보조원을 통해 이루어졌다. 말레이시아에서는 2014년 2월 8일부터 5월 14일까지 200부의 설문지를 배포하여 119부를 회수하였고, 인도네시아에서는 2014년 2월 8일부터 3월 25일까지 200부의 설문지를 배포하여 144부를 회수하였다. 설문지는 화인 디아스포라 현지적응과 관련된 총 102개의 문항으로 구성되었으며, 설문내용은 현지 거주국에서의 적응실태와 삶의 만족도, 거주국으로부터 경험한 차별과 배제를 충분히 반영하였다.

또한 화인 집거지인 차이나타운을 방문하여 화인들의 현지적응 실태를 살펴보고, 나아가 그들이 소장하고 있는 사진이나 문헌자료 등을 수집하였다. 말레이시아에서는 주로 쿠알라룸푸르에 위치한 차이나타운을 방문하였고, 인도네시아에서는 주로 자카르타에 위치한 망가두아(Mangga Dua), 빤조란(Pancoran)의 차이나타운을 방문하여 화인들이 운영하는 상가, 식당, 서점, 그리고 화인 명절이나 축제 때 방문하는 사찰 등을 탐방하였다.

인도네시아에서 방문한 팔화학교는 가장 오래된 화인의 역사를 자랑하는 대표성이 있는 화인학교로서, 1901년에 설립되어 전성기를 누리다가 1966년 정부에 의해 강제 폐쇄되었다. 팔화학교는 1901년 중화회관이 설립한 학교이며, 중화회관학교 혹은 중화학교로 불렸다. 정부의 동화정책으로 인해 강제 폐쇄되었던 팔화학교는 폐쇄 42년 후인 2008년 인도네시아 화상들의 지원에 의해 재개되었다. 2014년 현재 팔화학교에는 초·중·고등학생 3,600여 명이 재학 중이며, 중국어뿐만 아니라 인도네시아어와 영어 등도 가르치고 있다. 이제 팔화학교는 단순한 화인학교가 아니라, 인도네시아 실정에 부합되는 '3중 언어학교'로 성장하였다.

다음은 화인들이 현지사회에 적응하고 주류사회에 진출하는 데 어떻게 그들만의 민족네트워크를 구축하고 있는가를 파악하기 위해 화인단체를 방문하였다. 화인단체는 화인사회가 성장하고 발전하는 데 중요한 역할을 담당해 왔다. 화인단체는 화인신문, 화인학교, 나아가 화인 네트워크를 구축할 수 있는 핵심 요인이다. 1900년 인도네시아에서는 첫 화인단체인 중화회관(中华会馆)이 출범하였다. 1958년 이후 인도네시아 정부가 강압적인 동화정책을 추진하면서 대부분의 단체가 해산되었다. 그리고 1998년 5월 이후 인도네시아 화인 디아스포라에 대한 제한이 점차 완화되자 화인의 권익을 보호하고 화인들이 주류사회로 진출할 수 있도록 지원하는 다양한 화인단체들이 설립되기 시작하였다. 1998년 이후에 설립된 인도네시아 화인단체는 500여 개로 그중의 객가연합총회가 인도네시아에서 가장 큰 화인단체 중의 하나이다.

마지막으로, 화인 디아스포라들이 상호 정보를 전달하고 화인사회 발전 양상을 보여주는 가장 중요한 매개체인 신문사를 방문하였다. 인도네시아의 경우, 2014년 현재 발간되고 있는 화인신문은 중앙신문 5개, 지방신문 3개로서 총 8개 정도이다. 그중 중앙신문은 '국제일보(国际日报)', '인도네시아성주일보(印尼星洲日报)', '천도일보(千岛日报)', '인도네시아상보(印尼商报)', '신보(讯报)' 등이 있다. 정부의 제한정책으로 화인신문은 40여 년 만에 재발간되었지만, 화인신문을 읽을 수 있는 독자의 감소, 광고 수입 감소와 중국어 기사를 보도할 수 있는 젊은 화인 인재의 부족으로 경영난을 겪고 있는 것으로 나타났다.

화인팀의 구체적인 자료수집 현황을 보면 구술조사는 인도네시아 화인 디아스포라를 대상으로 이주 역사, 정착과정, 현지적응 실태, 정착기제 등 인도네시아 현지에서 화인들이 경험한 편견과 차별에 대한 자료를 수집하였다. 구체적인 구술조사 대상은 천산부(陈善福, 20대/이민 3세대/사무용품 회사 운영), 루이쿤(卢一坤, 70대/이민 3세대/화인 작가), 저우수싱(周树兴, 60대/이민 3세대/화인객가박물관 담당자), 량룽성(梁荣升, 60대/이민 4세대/팔화학교 중국어 주임), 정첸(郑茜, 20대/이민 1세대/팔화학교 중국어 교사), Didi(40대/이민 7세대/NABIL 민족건설재단 담당자), 리스머우(李思谋, 이민 4세대/렌퉁서점 담당자), 구수윈(古淑云, 이민 3세대/인도네시아 객가연합회 담당자), 천더밍(陈德铭, 이민 4세대/인도네시아 비누스대학교 강사) 등이었다.

화인팀의 기초자료 수집은 도서 및 단행본으로 『모국에 대한 왕우산의 사랑(汪友山真诚热爱祖国)』, 『민주개혁시대의 정치 풍운(民主改革时代政治风云)』 등 8권, 신문자료로 국제일보(国际日报), 인도네시아성주일보(印尼星洲日报), 인도네시아상보(印度尼西亚商报) 등 9건, 사진자료로 인도네시아 화인문화공원, 객가박물관, 화예박물관, 팔화학교(八华学校), 렌퉁(联通)서점, 국제일보(国际日报), 화인단체 객가연합회(印尼客家联谊会) 관련 사진 300건 등이었다. 설문조사는 인도네시아 거주 화인을 대상으로 144부를 수집하여 이 책의 분석자료로 활용하였다.

일계인팀은 '일계인의 현지적응과 정착기제'라는 연구과제를 수행하기 위해 문헌연구와 더불어 요코하마 JICA 해외이주자료관 자료실, 가나가와 현 쓰루미쿠 NPO법인 ABC저팬, 시즈오카 현 하마마쓰 시, 나고야 오수 지역 브라질학교를 방문하여 현지조사를 실시하였다. 현지조사의 목적은 일계브라질인들이 모국을 떠나 해외 및 일본으로의 이주와 재이주를 거듭하고 있는 상황에서 그들이 이주사회에서 경험한 배제와 타자화 기제의 구체적인 사례를 수집하는 데 있었다. 즉 일계인 디아스포라 이주자들이 이주지에서 어떻게 적응해 왔는지 그들의 현지 정착과 타자화의 기제를 규명하는 데 목적이 있었다.

일본 현지조사 기간은 2014년 2월 17일부터 2014년 2월 26일까지 10박 11일간 일계인들이 집거하고 있는 가나가와 현 쓰루미쿠, 요코하마 해외이주자료관, 시즈오카 현 하마마쓰 시, 나고야 오수(大須) 지역 등을 방문하여 일계인 현지적응과 정착기제 관련 자료를 수집하였다.

일본인의 해외이주는 메이지 이후 해외로 진출하기 시작하면서 1970년대 초반까지 지속되었다. 1980년대 이후에는 일본기업의 노동력 부족으로 1990년 일본입국관리법이 개정되면서 30만명 이상의 일계인들이 일본으로 귀환하였다. 이들은 주로 군마 현 오이즈미 마치, 요코하마 시 쓰루미쿠, 시즈오카 현 하마마쓰 시, 나고야 시 오수 등지에서 주로 자동차 부품 조립, 전자제품 조립, 악기산업, 식품공장 등에서 노동자로 종사해 왔다. 2008년 리먼쇼크 이후 세계경제위기와 일본 경제불황으로 약 10만 명 정도가 브라질로 귀국하였고, 현재 20만 명 정도가 일본에서 생활하고 있다.

이러한 이유로 이번 조사는 일본 나고야 지역에서 생활하고 있는 일계인들을 중심으로 면접조사와 설문조사를 실시하였는데 연구 결과 유사한 이주경험을 공유하고 있는 한국 다문화사회에도 많은 시사점을 제공해 줄 것으로 생각된다. 현재 일본에서 생활하고 있는 일계인과 그 자녀들에게는 일본어 문제, 학업 성취와 학교생활 적응, 취업 문제 등이 가장 큰 문제로 대두되고 있었다. 그 이유는 학부모의 직업(장시간의 노동), 학생들의 일본어와 학력 부족, 그리고 데카세기에 따른 학습동기나 의욕 부족 등이 제기되고 있었다.

이번 현지조사는 일본의 동화정책(assimilation)과 이민수용정책(reception)이 요코하마 시 쓰루미쿠, 시즈오카 현 하마마쓰 시, 나고야 시 오수 지역 등에 거주하는 일계인의 이주와 정착 과정에 미치는 영향에 대하여 살펴볼 수 있었다. 이러한 연구 경향은 일본기업이나 정부의 일계인에 대한 일본어 강요와 교육 문제에서도 여실히 드러나고 있었다. 특히 이번 조사는 일계인 집거지역 중에서도 나고야 시에 거주하는 일계인의 현지적응과 정착 과정에서 언어교육 문제와 취업이라는 두 가지 문제점에 초점을 두고 살펴보았다.

현지조사는 일본 내 일계인을 대상으로 일계인의 이주와 정착과정을 고찰하고, 그들의 정착기제를 도출하는 데 있었다. 특히 일본 내에서도 일계인들이 가장 밀집되어 있는 요코하마 시 쓰루미쿠, 시즈오카 현 하마마쓰 시, 나고야 시 오수 지역에 거주하는 일계인을 중심으로 현지적응과 정착기제에 초점을 두고 고찰하였다. 연구 방법은 이들 지역을 대상으로 한 문헌연구, 설문조사와 수집자료의 분석, 현지 참여관찰 및 인터뷰조사 등으로 실시하였다.

연구 결과 일본 거주 일계인들은 1990년대 전후 이주하기 시작하여 비교적 짧은 일본 내 이민 역사로 인하여 일본어, 교육, 취업 문제 등 현지적응과 정착 등에 많은 어려움을 겪고 있는 것으로 나타났다. 특히 일계인들은 일본에 돈벌이 노동자(デカセギ)로 도일한 경우가 많아 언어 문제, 자녀교육 문제, 공장노동자에서 고령으로 인한 서비스산업(개호복지 및 도시락 산업 등)으로의 전업 등 정착 과정에 많은 어려움을 겪고 있었다. 또한 일본정부가 처음 일계인들을 수용하게 된 배경은 일본인 후손 2~3세로 언어와 문화적 차이를 해결할 수 있을 것이라는 강점이 작용하였지만, 이와는 반대로 일본-브라질 간의 문화적 차이로 인한 노동 가치와 일에 대한 개념의 차이로

양국 간의 상당히 큰 문화적 괴리가 존재하고 있음을 확인하는 계기가 되었다. 이러한 문제들은 일계인의 일본 사회적응을 방해하는 대표적인 요인들이었다.

그러나 이러한 일계인의 일본사회 정착 과정에서 가장 큰 역할을 수행하고 있는 것이 일계인 대상의 브라질교회이다. 이들 교회는 브라질 현지 노동자 모집－일본으로의 이주－일본사회의 정착을 위한 일본어 교육과 취업알선, 정신적인 케어 등 이들 간의 3자 협력을 적극적으로 추진하고 있었다.

연구 결과, 일계인의 이주와 정착 과정에 미치는 중요한 요인을 살펴보면 다음과 같다. 먼저 일본 이주 일계인 부모들의 일본어 부족은 일본인 및 일본사회와의 관계에 일정 거리를 유지하게 하는 에스닉 전략이자 적대적 환경에서의 생존전략으로 일본 사회와의 통합과 문화적응에 부정적 영향을 미치고 있었다. 즉, 학부모들이 일본어를 잘할수록 거주국 일본에 대한 소속감, 신뢰, 이민자 가족의 문화적응을 촉진하는 경향을 보였다. 그러나 반대의 경우, 일본사회에 반항적이거나 부적응의 정체성을 드러낸 것으로 나타났다.

다음으로 부모세대와는 달리 일본에서 태어난 일계인 2세들의 정체성은 일본인의 정체성에 가깝고 부모세대와의 의사소통이 큰 문제로 나타났다. 특히 도일 목적이 데카세기 노동자로서 일본에 정착한 일계인 1세들은 잔업과 식품산업 등에 종사하는 관계로 장시간 노동을 하기 때문에 일본어 부족 현상이 뚜렷하고 현실적으로 일계인 2세, 혹은 그들 자녀와의 의사소통이 더욱 어려운 것으로 나타났다. 이러한 현상들은 일계인 부모와 자녀들 간의 정체성과 동화를 둘러싼 문화적응의 갈등을 조장하게 되고, 부모들의 일본인 문화적응과 정체성에 대한 거부감을 더욱 확대시켜 브라질에 대한 향수병이나 상실감으로 이어지고 있었다. 결국 일본정부의 이민자에 대한 동화와 수용정책은 제도적으로 일계인 부모들에게 적대감정, 일계인 학생들에게 일본 문화적응을 강요하게 되면서 일본사회의 정착과정에서 일본정부와 긴장관계를 조성시키고 있는 것으로 나타났다. 현재 일계인 사회는 일계인 학부모들의 불완전한 일본 문화적응과 학생들의 완전한 동화 사이에서 움직이고 있다. 이러한 상황에서 일본에서 일계인 교회는 일계인 커뮤니티를 대신하여 일계인들의 이주와 정착에 매우 중요한 정착기제의 역할을 수행하고 있었다. 향후 연구에서는 일계인 1세의 동화정책에 따른 적응전략, 일계인 2세들의 브라질과의 관계 등에 주목할 필요가 있을 것이다.

구체적으로 일본 현지조사에 따른 자료수집 내용과 현황을 살펴보면 다음과 같다. 먼저 구술채록과 면담 대상은 나고야 오수 지역에 거주하는 일계인 시노다상과 마리아상, JICA요코하마 해외이주자료관 요시다상, 일계인교회 니시사요에상, 해외일계인대회 담당자 니시와키상, NPO ABC저팬 하시모토상, 일본 도토리대학 코지마 교수, 코리아NGO센터 김광민 대표, 니시 제퍼슨 일계 브라질 교회 주임목사, 나고야 브라질 학교 시노다상이었고 요코하마 해외이주자료관 방문 사진 촬영, 나고야 브라질 교회 방문(MY Brazil 앞), 오사카 이쿠노쿠 코리아타운 사진 촬영, 쓰루미쿠 국제라운지 방문 등으로 조사하였다. 일본 현지조사 결과의 중요한 성과는 일계인 대상 설문조사 120부, 인터뷰조사 10명, 사진자료 300장, 참고문헌 단행본 7권, 기타 낱장 자료 30여 장 등을 수집하여 분석자료로 활용하였다.

끝으로 연구단 총서가 발행되기까지 물심 양면으로 도와주신 모든 분들에게 감사드린다. 먼저 중점연구사업의 일환으로 동북아디아스포라 연구를 수행할 수 있도록 지원해주신 한국연구재단 관계자, 그리고 연구단이 주최한 각종 국내 및 국제학술대회에 참석하여 연구성과에 대한 발표자 및 토론자로 유익한 조언을 해주신 국내외 디아스포라 전문가 및 학자, 연구단 홍보에 아낌없이 지원해주신 언론·방송 미디어 관계자 여러분들께 진심으로 감사드린다. 또한 이른 아침부터 밤늦게까지 불철주야로 연구에 전념해준 전남대학교 중점연구소 공동연구원, 전임연구원, 대학원생 및 연구보조원들에게도 깊은 감사를 드린다.

2017년 6월

용봉골에서

세계한상문화연구단 전 단장 임채완

| 추천사 |

오늘날 우리 사회는 과학기술과 통신의 비약적인 발전으로 국경과 이념을 초월하는 글로벌시대가 되었으며, 이러한 시대적 흐름에 따라 세계 각국은 국가경쟁력 강화와 국력의 외연 확장을 위한 소중한 인적자원으로서 '디아스포라'를 주목하고 있다.

모국을 떠나 살아가고 있는 '디아스포라'는 다문화적이고 다언어적인 특성을 가지고 있어 정치, 경제, 문화 등 다방면에서 모국과 거주국 사이의 가교 역할을 하며 국제사회 속 모국의 영향력 확대와 국익을 돕는 유용한 민족자산이다.

우리 정부는 이러한 재외동포 디아스포라의 중요성을 인지하고 재외동포재단을 중심으로 재외동포가 민족적 유대감을 유지하면서 거주국에서 모범적인 구성원으로 정착할 수 있도록 물심양면으로 지원해 왔으며, 최근에는 720만 재외동포를 포괄하는 '글로벌 한민족 네트워크'의 발전을 위해 다양한 노력을 하고 있다.

그간 전남대학교 세계한상문화연구단은 글로벌 디아스포라 연구의 선도자로서, 2010년에 "민족분산과 지구적 소통으로서의 디아스포라 연구"라는 주제로 한국연구재단의 '대학중점연구소지원사업'에 선정되어 총 3단계, 9년에 걸쳐 디아스포라 관련 연구를 수행하고 있다. 이 연구는 한국, 중국, 일본 등 동북아 3국의 디아스포라를 대상으로 진행하고 있어 우리의 한민족 디아스포라를 화인, 일계인 등 이웃 국가의 디아스포라와 비교·분석하여 귀중한 시사점을 얻을 수 있다는 의의가 있으며, 디아스포라 관련 연구의 외연을 확장하는 측면에서 학술적 의의가 높다고 평가된다.

전남대학교 세계한상문화연구단이 수행하고 있는 중점연구의 각 단계별 연구주제를 보면, 1단계는 "동북아시아 민족분산과 문화영토", 2단계는 "동북아시아 디아스포라의 초국가적 성격", 3단계는 "디아스포라 공동체와 지구적 소통"이다. 1단계 연구는 "이주루트와 기억, 공간적 치환과 재영토화, 집거지와 문화영토"라는 주제로 총 9권의 총서를 이미 발간했다.

이번에 발간되는 3권의 총서는 2단계 중 1차년도의 연구주제인 "해외한인, 화인, 일계인의 현지적응과 정착기제"에 관한 연구결과를 집약한 것으로『코리안 디아스포라의 현지적응과 정착기제』,『화인 디아스포라의 현지적응과 정착기제』,『일계인 디아스포라의 문화적응과 정착기제』로 구성되어 있다.

이 총서는 근현대 동북아 3국의 디아스포라가 모국을 떠나 문화가 다른 새로운 정착지에서 어떻게 살아가고 어떠한 정착기제들을 구축했는지에 대해 주목하고 있으며, 이주민으로서 정착하는 과정에서 받았던 사회적 차별과 배제의 경험을 현지조사를 통해 상세히 기술하고 있다. 또한 세 국가의 디아스포라가 스스로 구축해 온 정착기제에 대한 다양한 사례를 제시하고 있어 디아스포라의 연구 기반을 다지고 학문 영역을 확장시키는 데 기여할 것으로 평가된다.

이와 더불어, 다문화사회로 진입한 국내 사회통합에 관해서도 많은 시사점을 제공할 것으로 사료된다. 현재 우리 사회에는 외국국적 동포, 북한이탈주민, 외국인 이주노동자, 국제결혼 이주여성 등 다양한 유형의 이주민들이 살아가고 있다. 이들은 각 거주지에서 안정적으로 정착하기 위해 사회적 네트워크를 구축하여 살아가고 있으며, 다양한 축제와 이벤트를 통해 문화적 이질감을 해소하고 있다. 그럼에도 불구하고 우리 사회의 이주민에 대한 사회적 인식에는 아직도 긍정적인 시선보다는 부정적인 시선이 많이 존재한다. 이러한 맥락에서 이번에 발간된 3권의 연구총서는 외국인 이주자에 대한 우리 사회의 인식과 태도를 개선하고, 사회통합의 바람직한 방안을 모색하는 데 기여할 것으로 생각된다.

그간, 동 연구총서 발간을 위해 불철주야 노력하신 임채완 단장과 공동연구원, 연구교수, 그리고 연구보조원들에게 축하를 보내며, 본 연구총서가 재외동포, 외국인 이주노동자, 국제결혼 이주여성, 북한이탈주민 관련 정부기관 및 단체의 정책적 지원 방안 수립과 대학 및 연구기관 전문 연구자들의 학문적 탐구에 유익한 자료로 활용되기를 기대한다.

2017년 6월

재외동포재단 이사장 주철기

| 서 문 |

전남대학교 세계한상문화연구단은 2010년 한국연구재단 대학중점연구소지원사업에 선정되어 "민족분산과 지구적 소통으로서 디아스포라 연구"를 주제로 총 3단계, 9년에 걸쳐 연구 프로젝트를 수행하고 있다. 제2단계에서는 "동북아시아 디아스포라의 초국가적 성격"이라는 주제로 연구를 수행했으며, 이 총서는 제2단계 1차년도 연구주제인 "해외한인의 현지적응과 정착기제"를 학문적으로 규명하는 데 초점을 두고 있다.

디아스포라는 모국을 떠나 새로운 거주지에 정착, 적응하는 과정에서 공간적 치환에 따른 신분의 불일치와 정서적 혼란, 스트레스 등을 경험하게 되고, 새로운 거주국의 이민정책에 따라 정치, 경제, 사회, 문화적 차원에서 배제와 차별을 경험하게 된다. 아울러 디아스포라는 자신들의 문화를 간직하면서도 거주국의 주류문화에 대한 이해와 적응을 시도하고, 당당한 구성원의 지위를 획득하기 위해 다양한 정착기제를 구축하기도 한다. 이러한 맥락에서 이 총서는 새로운 정착지에서 코리안 디아스포라가 문화가 다른 거주국사회에서 어떻게 살아가고 적응해가고 있는지와 거주국사회에서 안정적으로 적응, 정착하기 위해 어떠한 사회정착기제들을 구축했는지를 탐구하는 데 목적이 있다.

이러한 연구목표를 달성하기 위해 우리는 중국 길림성 연변조선족자치주에 거주하고 있는 조선족, 일본 오사카와 도쿄에 거주하는 재일한인, 중앙아시아 카자흐스탄에 거주하고 있는 고려인 등을 연구대상으로 선정하였다. 연구방법은 문헌연구를 비롯하여 현지조사연구를 통해 설문조사와 면접조사를 수행했으며, 사진 등 기초자료를 수집하여 활용하였다.

이 총서에서 다루고자 하는 연구 내용은 크게 세 가지이다. 첫째, 중국조선족, 재일한인, 카자흐스탄 고려인 등이 거주국사회의 문화와 가치를 습득하고 새롭게 적응하는 과정에서 거주국의 외국인정책은 어떠한지를 간략히 살펴본다. 둘째, 중국조선족, 재일한인, 카자흐스탄 고려인 등이 현지 사회에서 생활하면서 어떠한 적응 양상을 보여주는지, 거주국사회에서 차별은 어떻게 나타나고 있는지, 그리고 코리안 디아스포라의 전반적인 삶의 만족도는 어떠한지 등을 분석한다. 셋째, 중국조선족, 재일한인, 카자흐스탄 고려인 등이 현지 사회에서 안정적으로 적응, 정착해가는 과정에서 구축한 사회정착기제들은 어떠한 것들이 있는지를 살펴본다.

이 총서의 2장에서 5장까지의 내용들은 연구자들이 전문학술지에 게재한 논문들을 기본으로 삼아 일부를 보완하여 삽입하였다. 이 총서에서 활용하고 있는 연구자들의 논문은 다음과 같다.

선봉규의 "중국 연변조선족의 9·3절 기념축제의 콘텐츠와 정체성 연구". 『평화학연구』 제15권 3호(2014); 이소영·선봉규의 "연변조선족자치주 조선족의 '사회적지지'가 중국사회 적응에 미치는 영향". 『동북아연구』 통권 제41호(2015); 선봉규의 "체제이행기 카자흐스탄 사회의 변화와 고려인의 적응". 『민족연구』 제61호(2015); 선봉규의 "일본 오사카 재일한인의 현지 사회적응 양상에 관한 연구: 사회적 네트워크를 중심으로". 『인문사회21』 제7권 4호(2016) 등이다.

이 총서는 기본적으로 중국과 일본, 카자흐스탄 현지에서 수집된 자료들을 토대로 하고 있기 때문에 바쁜 생활 속에서도 심층인터뷰와 참여관찰, 그리고 설문조사를 할 수 있도록 배려해 준 현지 협력자 및 협력기관 관계자들에게 깊은 감사를 표한다. 또한 현지조사에서 수집한 많은 자료들을 정리하고 도움을 준 연구보조원들에게도 고마움을 전한다. 마지막으로 이 총서가 나오는 데 협력해 준 북코리아 이찬규 사장님과 편집진 여러분께도 깊은 감사를 드린다.

2017년 6월

공동저자 일동

| 차 례 |

표 차례

그림 차례

사진 차례

제1장 머리말

1. 연구의 목적 및 내용

디아스포라는 노동, 취업, 결혼, 유학, 영구 정착 등을 목적으로 새로운 거주지에 정착하게 되는데, 정착지역의 자연 및 인문 환경에 불가피하게 적응하면서 거주지역의 주민들과 관계를 가질 수밖에 없다.[1] 즉 디아스포라는 공간적 치환을 통해 거주국 사회에 정착하게 되면서 새로운 문화권에서 통용되는 언어, 음식, 생활양식 등을 습득하고, 구성원과의 사회적 관계를 형성해야 하는 과제에 직면하게 된다. 이들은 자신의 고유한 정체성을 유지하거나 거주국의 주류문화를 수용하는 등 현지사회에서 적응을 시도한다.[2]

중국조선족은 중국의 55개 소수민족 중 대표적인 이주민족으로써 중국사회에 안정적으로 정착, 적응하는데 많은 노력을 기울여왔다. 조선족은 1952년에 길림성 연변지역에 민족자치구를 건립하여 민족구역자치를 실시하고 있다.[3] 그런데 최근 중국 조선족사회는 개혁개방 및 도시화, 한·중 수교, 지구화 등 국내외의 환경변화로 인해 집거지의 해체 및 재구성을 경험하고 있다. 특히 중국조선족의 전통적 집거지인 동북 3성(길림성, 요녕성, 흑룡강성) 지역에 거주하고 있는 조선족은 동북 3성의 주요도시인 연길, 심양을 비롯하여 중국의 연해 및 내륙의 대도시－북경, 천진, 상해, 청도 등－로 이주하여 새로운 집거지를 형성하고 있다. 아울러 모국인 한국을 비롯하여 미국, 일본, 러시아, 영국 등 세계 곳곳으로 이동하여 초국적인 삶의 공간을 개척하고 있다.[4] 이렇게 새로운 이주 지역에서 중국조선족은

---

1 최병두, "외국인 이주자의 지역사회 적응과 지리적 지식," 『한국경제지리학회지』 13-1(2010), p. 40.

2 홍은정 · 아영아 · 우은정, 『결혼이주여성의 지역사회적응 척도 개발 연구』(부산: 부산복지개발원, 2012) pp. 3-4.

3 길림성 연변지역은 1952년 9월 2일 조선족자치구로 설립되었다가 1955년 12월 조선족자치주로 변경되었다.

4 임채완 · 선봉규 외, 『코리안 디아스포라: 이주루트와 기억』(성남: 북코리아, 2013), p. 65.

낯선 환경, 낯선 문화에의 적응이라는 문제에 직면해 있다.

재일한인은 1945년 8월 15일 해방 이전에 이주해 간 올드커머와 1963년 한일조약 이후 일본으로 이주해 간 뉴커머 등으로 구성되어 있다. 오사카 이쿠노쿠지역은 재일한인의 민족집거지를 상징하는 곳이다. 이곳은 1919년에 이쿠노를 가로지르는 히라노 운하 공사가 시작되어 식민지 조선인 노동자들이 이주해 오면서 자연스레 터를 잡기 시작했다. 특히 1923년 제주도와 오사카를 잇는 정기여객선인 '기미가요마루'가 운항되면서 조선인 이주자가 급증하여 조선인 부락이 형성되었다. 해방 이후에는 제주도에서 발생한 4·3사건으로 제주도민들의 피난처가 되었다. 1980년대 이후 한국의 해외여행 자유화 조치와 일본의 경제호황이 맞물리면서 기존의 재일한인(올드커머, 특별영주자)과는 다른 새로운 이주자들이 유입되기 시작했다. 이들은 주로 도쿄 신주쿠를 중심으로 코리아타운을 형성하였다. 재일한인들은 일본의 외국인 배제정책으로 인해 민족적 차별과 억압에 맞서 저항운동을 전개해왔지만, 일부의 경우는 일본 국적을 취득하는 선택을 할 수밖에 없었다. 최근 재일한인 사회는 일본사회의 우경화정책으로 인해 극우단체의 헤이트 스피치(hate speech)[5] 때문에 일상생활에서 두려움을 느끼는 등 민족차별이 일상화되고 있는 상황에 놓여 있다.

독립국가연합(CIS)[6]에 거주하고 있는 고려인은 중앙아시아의 대표적 국가인 우즈베키스탄(173,832명)과 카자흐스탄(105,832명)에 집중 거주하고 있다.[7] 고려인들은 1953년 스탈린이 사망할 때까지 강력한 민족주의 정책으

---

5 헤이트 스피치는 민족, 인종, 종교, 국적, 피부색, 성별, 장애 여부 등이 자신과 다르다는 이유로 특정한 집단에 대해 편견을 가지고 의도적으로 폄하하거나 위협하는 발언을 말한다. 이러한 헤이트 스피치의 속성을 가장 적나라하게 보여주는 사례는 일본의 대표적인 혐한단체인 '재일한국인의 특권을 허용하지 않는 시민모임(재특회)'가 '조선인을 몰아내자' 등의 구호를 외치면서 혐한 시위를 주도하고 있다. 『뉴스한국』, 2015.02.08.

6 1991년 소련이 해체된 이후 연방을 구성했던 11개 공화국이 창설한 국가연합체이다. 현재는 러시아, 몰도바, 벨라루스, 아르메니아, 아제르바이잔, 우즈베키스탄, 타지키스탄, 카자흐스탄, 키르기스스탄이 회원국이다. 조지아와 우크라이나는 각각 2008년과 2014년에 탈퇴했다.

7 외교부, http://www.mofa.go.kr/main /(검색일: 2015.01.05)

로 인해 거주이전의 자유가 박탈당한 채 일정한 거주 구역이 명시된 신분증을 소지하고 다녀야 했으며, 민족교육이 금지되고 국가기관의 취업 등 사회, 정치적 진출이 봉쇄된 채 살아야 했다.[8] 스탈린 사후 흐루시초프체제가 들어서면서 고려인들은 특유의 근면함과 성실함, 그리고 높은 교육수준으로 주류사회에 적극적으로 진출하기 시작했다.[9] 그러나 우수한 소수민족으로서 소비에트화한 고려인들은 1989년 동유럽 사회주의체제의 붕괴와 1991년 소련의 해체, 그리고 중앙아시아 각 국가들이 독립을 선언하고 강력한 토착 민족주의정책을 추진하게 되면서 또 다른 시련에 직면해 있다.[10] 카자흐스탄은 1991년 소련의 해체로 독립 국가가 되었으며, 정치, 경제, 사회적 변화, 이른바 체제이행기적 상황에 놓여 있다. 카자흐스탄은 1991년 독립 선언 이후 급진적인 경제개혁 정책으로 많은 혼란을 겪었음에도 불구하고 풍부한 천연자원을 활용하여 놀라운 속도의 경제성장[11]을 이룩하고 있다.[12] 카자흐스탄은 1993년 헌법에서 카자흐어를 국가어로 격상시켰으며, 카자흐인 중심의 민족국가 건설을 추진하는 등 민족주의적 색채를 지향하는 정책을 펼치고 있다. 이처럼 카자흐스탄의 고려인은 소련시기와는 전혀 다른 공동체의 구성원으로 살아가야 하는 새로운 도전에 직면해 있다.

이 책의 목적은 코리안 디아스포라 – 중국조선족, 재일한인, 고려인 – 가 문화가 다른 거주국사회에서 어떻게 살아가고, 적응해가고 있는지를 탐구하는 것이다. 아울러 코리안 디아스포라는 거주국사회에서 안

---

8 임채완 · 선봉규 외(2013), p. 85.

9 중앙아시아 고려인의 사회적 지위와 성공에 관한 자세한 내용은 한발레리, "중앙아시아 고려인의 적응 및 사회적 지위, 그리고 성공," 『디아스포라연구』 제5권 2호(2011). pp. 153-171 참조.

10 이진영, "이주 150년 고려인과 통일," 『통일고리』 97(2014).

11 카자흐스탄 경제의 특성을 보면, 1인당 GDP의 경우 1995년 1,061달러에서 2012년 12,007달러로 급상승 했으며, S&P 기준 국가신용등급은 러시아의 BBB보다 높은 BBB+이며, 기업환경은 47위에 랭크되어 있다. 김동우, "카자흐스탄 경제 및 은행산업 점검," 『KB경영정보리포트』 13(2013), p. 2.

12 김상철, "현대 카자흐스탄 20년의 발전과 고려인 사회의 변화," 『민족연구』 56(2013), p. 47.

정적으로 적응, 정착하기 위해 어떠한 사회정착기제들을 구축하였는지 살펴보는데 있다.

구체적으로 이 책에서 다루고자 하는 연구내용은 크게 세 가지로 나눌 수 있다. 첫째, 코리안 디아스포라가 거주국사회의 문화와 가치를 습득하고 새롭게 적응하는 과정에서 거주국의 외국인정책은 어떠한지를 간략히 살펴볼 것이다. 둘째, 코리안 디아스포라가 현지사회에서 생활하면서 어떠한 적응 양상을 보여주는지, 거주국사회에서 차별은 어떻게 나타나고 있는지, 그리고 코리안 디아스포라의 전반적인 삶의 만족도는 어떠한지 등을 분석할 것이다. 셋째, 코리안 디아스포라가 현지 사회에서 안정적으로 적응, 정착해가는 과정에서 구축한 사회정착기제들이 어떠한 것들이 있는지를 살펴볼 것이다.

2. 연구의 대상 및 방법

1) 연구대상

이 책에서 다루고자 하는 연구대상은 중국 길림성 연변조선족자치주에 거주하고 있는 조선족, 일본 도쿄와 오사카에 거주하고 있는 재일한인, CIS지역 중 카자흐스탄에 거주하고 있는 고려인들이다.

표 1.1 주요 연구대상

구분	연구 대상
중국 조선족	■ 길림성 연변조선족자치주 ■ 조선족의 사회적응 및 차별, 삶의 만족도 조사 조선족의 사회정착 기제

구분	연구 대상
재일한인	■ 도쿄, 오사카 ■ 재일한인의 사회적응 및 차별, 삶의 만족도 조사 재일한인의 사회정착 기제
카자흐스탄 고려인	■ 알마티, 크질오르다, 우쉬토베 등 ■ 고려인의 사회적응 및 차별, 삶의 만족도 조사 고려인의 사회정착 기제

특히 이 책에서는 중국조선족과 재일한인, 카자흐스탄 고려인의 현지 사회적응 양상과 차별 경험, 그리고 삶의 만족도 등을 살펴보기 위해 설문조사를 실시했다. 설문조사 대상자의 일반적 특성을 살펴보면 다음과 같다.

(1) 중국조선족

중국 조선족은 길림성 연변지역을 중심으로 집중 거주하고 있으며, 최근에는 중국 내륙 및 연해의 대도시나 한국, 일본, 북미 지역에 경제활동을 하기 위해 이주하여 집거지를 형성하고 있다. 이 연구의 조사대상 기준은 중국 연변지역에서 출생하고, 현재 연변지역에 거주하는 조선족이다. 연변지역에 거주하는 80만여 명의 조선족은 중국의 소수민족 중 하나로 자치주가 있어서 일정한 공간에 집단적으로 거주하여 생활하고 있다.

설문조사 대상자의 일반적 특성을 살펴보면 〈표 1.2〉와 같다.

전체 응답자 218명 중에서 남성이 108명으로 49.5%, 여성이 110명으로 50.5%를 차지한다. 연령은 20대가 43명으로 전체의 19.7%를 차지하며, 30대가 35명으로 16.1%, 40대가 40명으로 18.3%, 50대가 36명으로 16.5%, 60대가 35명으로 16.1%, 70대 이상이 29명으로 13.3%를 차지했다. 학력은 전체 218명 중 3.2%인 7명이 초등학교 졸업, 22.0%인 48명이 중학교 졸업, 21.6%인 47명이 고등학교 졸업, 11.9%인 26명이 2년제대학 졸업, 26.6%인 58명이 4년제대학 졸업, 14.7%인 32명이 대학원을 다니거나 졸업하였다. 직업은 전문관리직이 24명으로 11.0%, 일반전문직이 83

명으로 38.1%, 공무원이 19명으로 8.7%, 사무직이 20명으로 9.2%, 판매직이 4명으로 1.8%, 서비스직이 7명으로 3.2%, 생산직이 7명으로 3.2%, 농업이 9명으로 4.1%, 가정주부가 10명으로 4.6%, 기타직업이 35명으로 16.1%를 차지한다. 혼인상태는 기혼이 150명으로 68.8%, 미혼이 43명으로 19.7%, 이혼이 13명으로 6.0%, 사별이 12명으로 5.5%를 차지한다. 중국어 수준은 낮은 중국어 수준이 20명으로 9.2%, 보통 중국어 수준이 95명으로 43.6%, 높은 중국어 수준이 103명으로 47.2%를 차지한다. 한국어

표 1.2 설문조사 대상자의 일반적 특성

구분	내용	빈도	비율	구분	내용	빈도	비율
성별	남성	108	49.5	직업	전문관리직	24	11.0
	여성	110	50.5		일반전문직	83	38.1
연령	20대	43	19.7		공무원	19	8.7
	30대	35	16.1		사무직	20	9.2
	40대	40	18.3		판매직	4	1.8
	50대	36	16.5		서비스직	7	3.2
	60대	35	16.1		생산직	7	3.2
	70대 이상	29	13.3		농업	9	4.1
학력	초등학교졸업	7	3.2		가정주부	10	4.6
	중학교졸업	48	22.0		기타	35	16.1
	고등학교졸업	47	21.6	혼인 상태	기혼	150	68.8
	2년제대학 졸업	26	11.9		미혼	43	19.7
	4년제대학 졸업	58	26.6		이혼	13	6.0
	대학원	32	14.7		사별	12	5.5
중국어 수준	하	20	9.2	한국어 수준	하	4	1.8
	중	95	43.6		중	31	14.2
	상	103	47.2		상	183	83.9
합계	218명(100%)						

수준은 낮은 한국어 수준이 4명으로 1.8%, 보통 한국어 수준이 31명으로 14.2%, 높은 한국어 수준이 183명으로 83.9%를 차지한다.

(2) 재일한인

2013년 외교부 재외동포 현황자료에 따르면, 일본에 거주하고 있는 코리안 디아스포라는 총 89만 2,704명으로 나타났다. 지역별 거주 현황을 보면, 오사카부에 12만 4,167명, 도쿄도에 10만 4,915명, 효고현에 5만 438명, 아이치현에 3만 9,502명, 교토부에 3만 815명, 가나가와현에 3만 2,525명, 후쿠오카현에 1만 8,390명, 사이타마현에 1만 8,377명, 치바현에 1만 7,630명, 히로시마현에 1만 334명 등이 거주하고 있다.[13] 이러한 사실에서 재일한인은 주로 대도시 지역에 거주하고 있으며, 특히 일본의 대표적인 도시인 도쿄와 오사카지역에 집중 거주하고 있음을 알 수 있다. 이 두 지역은 재일한인 사회의 형성과 밀접한 관련이 있다. 오사카지역은 일제 식민통치기에 이주하여 집거지를 형성한 올드커머가 집중적으로 거주하고 있는 반면, 도쿄지역은 1980년대 후반 이후, 이른바 뉴커머가 이주·정주하면서 자연스럽게 코리아타운이 형성되었다.

이 책에서는 일본 도쿄에 거주하고 있는 재일한인들을 대상으로 설문조사를 실시했다. 설문조사 대상자의 일반적 특성을 살펴보면 〈표 1.3〉과 같다. 성별분포를 보면, 남성이 102명(72.3%), 여성이 39명(37.7%)이다. 연령분포를 보면, 20대가 21명(14.9%), 30대가 40명(28.4%), 40대가 59명(41.8%), 50대가 19명(13.5%), 60대가 2명(1.4%)이다. 학력분포를 보면, 고졸이 18명(12.8), 2년제대졸이 19명(13.5%), 4년제대졸이 90명(63.8%), 대학원졸이 14명(9.9%), 대학재학이 1명(0.7%) 이다. 직업분포를 보면, 전문관리직(교수, 의사, 변호사 등)이 12명(8.5%), 일반전문직(교원, 기술자, 문화예술가 등)이 15명(10.6%), 공

---

13 외교부 홈페이지, http://www.mofa.go.kr/(검색일: 2015.01.30)

무원이 4명(2.8), 사무직이 56명(39.7%), 생산판매직이 9명(6.3%), 서비스직이 28명(19.9%), 생산직이 5명(3.5%), 주부가 3명(2.1%), 학생이 2명(1.4%), 자영업자가 8명(5.7%), 경영자가 2명(1.4%) 이다. 결혼여부를 보면, 기혼이 87명(61.7%), 미혼이 50명(35.5%), 이혼이 4명(2.8%) 이다. 소득분포를 보면, 200만엔미만이 17명(12.1%), 300만엔미만이 15명(10.6%), 400만엔미만이 11명(7.8%), 500만엔미만이 17명(12.1%), 600만엔미만이 21명(14.9%), 700만엔미만이 22명(15.6%), 700만엔이상이 38명(27.0%) 이다. 국적분포를 보면, 일본국적 취득자가 10명(7.1%), 한국 국적이 128명(90.8%), 조선적이 3명(2.1%) 이다. 세대분포를 보면, 1세가 80명(56.7%), 2세가 17명(12.1%), 3세가 44명(31.1%) 이다. 여기에서 1세는 주로 도쿄지역에 거주하고 있는 뉴커머들을 의미한다. 체류자격 분포를 보면, 국적취득자가 10명(7.1%), 영주자가 59명(41.8%), 정주자가 52명(36.9%), 단기체류자가 9명(6.4%), 장기체류자가 11명(7.8%) 이다. 올드커머와 뉴커머의 구성 분포를 보면, 올드커머는 1989년 이전에 이주, 정착한 사람으로 전체의 46명(32.6%)이고 뉴커머는 1989년 이후에 이주, 정착한 사람으로 전체의 95명(66.0%) 이다.

표 1.3 설문조사 대상자의 일반적 특성

특성		빈도(명)	백분율(%)	합계
성별	남성	102	72.3	141 (100.0)
	여성	39	27.7	
연령	20대	21	14.9	141 (100.0)
	30대	40	28.4	
	40대	59	41.8	
	50대	19	13.5	
	60대	2	1.4	
학력	고졸	18	12.8	141 (100.0)
	2년제 대졸	19	13.5	
	4년제 대졸	90	63.8	
	대학원졸	14	9.9	

특성		빈도(명)	백분율(%)	합계
직업	전문관리직	12	8.5	141 (100.0)
	일반전문직	15	10.6	
	공무원	4	0.7	
	사무직	56	39.7	
	생산판매직	9	6.3	
	서비스직	28	19.9	
	주부	3	2.1	
	학생	2	1.4	
	자영업	8	5.7	
	경영자	2	1.4	
	기타	5	3.5	
결혼	기혼	87	61.7	141 (100.0)
	미혼	50	35.5	
	이혼	4	2.8	
소득	200만엔 미만	17	12.1	141 (100.0)
	300만엔 미만	15	10.6	
	400만엔 미만	11	7.8	
	500만엔 미만	17	12.1	
	600만엔 미만	21	14.9	
	700만엔 미만	22	15.6	
	700만엔 이상	38	27.0	
국적	일본	10	7.1	141 (100.0)
	한국	128	90.8	
	조선적	3	2.1	
세대	1세	80	56.7	141 (100.0)
	2세	17	12.1	
	3세	44	31.1	
올드커머 및 뉴커머[14]	올드커머	46	32.6	141 (100.0)
	뉴커머	95	66.0	
체류자격	국적취득자	10	7.1	141 (100.0)
	영주자	59	41.8	
	정주자	52	36.9	
	단기체류자	9	6.4	
	장기체류자	11	7.8	

또한 재일한인의 디아스포라적 삶과 현지사회에서 적응기제를 살펴보기 위해 오사카 이쿠노쿠에 거주하고 있는 재일한인을 대상으로 면접조사를 실시했다. 면접조사는 2014년 4월 17일부터 23일까지 오사카 이쿠노쿠를 방문하여 실시했으며, 구체적인 면접대상자는 아래 〈표 1.4〉와 같다.

표 1.4 면접조사 대상자의 일반적 특성

연번	성명[15]	성별	연령	세대	출생지
1	이○○	여	78세	2세	제주도
2	김○○	여	55세	뉴커머	제주도
3	윤○○	여	69세	뉴커머	제주도
4	이○○	여	87세	2세	제주도
5	김○○	여	89세	2세	제주도
6	문○○	여	51세	뉴커머	경남 합천
7	오○○	남	57세	2세	오사카 이쿠노쿠
8	이○○	남	45세	뉴커머	서울
9	임○○	남	45세	3세	오사카 이쿠노쿠
10	김○○	남	51세	뉴커머	서울
11	김○○	남	44세	3세	오사카 이쿠노쿠

면접대상자 중에서 올드커머는 6명이며, 뉴커머는 5명이다. 올드커머 중에서 2세는 4명이며, 3세는 2명이다. 올드커머의 출생지를 보면 제주도가 3명이며, 오사카 이쿠노쿠 출신이 3명이다. 뉴커머의 출생지를 보면 제주도가 2명, 서울이 2명, 경남 합천이 1명이다.

14 올드커머와 뉴커머의 분류는 1989년을 기점으로 1989년 이전에 이주한 사람은 올드커머로, 1989년 이후에 이주한 사람은 뉴커머로 정의했다. 일부에서는 뉴커머를 1965년 한일 국교정상화 이후 일본에 이주, 정착한 한국 주민 등록 소지자를 말하기도 한다.

15 일부 면접조사 대상자들이 자신의 이름을 밝히기 꺼려한 관계로 이와 같이 표기함.

(3) 카자흐스탄 고려인

CIS지역에 거주하고 있는 고려인은 코리안 디아스포라 역사에서 가장 원형적인 디아스포라적 삶과 경험을 간직하고 있다. 카자흐스탄에 거주하고 있는 고려인들은 알마티, 크즐오르다, 카라간다, 잠블, 아스타나 등에 집중 거주하고 있다. 이 책에서는 알마티, 탈디구르간, 우쉬토베, 코스타나이 등에 거주하고 있는 고려인들을 대상으로 설문조사를 실시했다. 설문조사 대상자의 일반적 특성을 살펴보면 〈표 1.5〉와 같다.

성별은 남성이 65명(40.9%), 여성이 94명(59.1%)이다. 연령은 10대가 10명(6.3%), 20대가 40명(25.1%), 30대가 28명(17.64%), 40대가 29명(18.2%), 50대가 25명(15.7%), 60대가 17명(10.7%), 70대가 10명(6.3%)이다. 학력은 중졸이 3명(1.9%), 고졸이 24명(15.1%), 전문대학졸이 43명(27.0%), 4년제대졸이 78명(49.1%), 대학원졸이 10명(6.3%), 무학이 1명(0.6%)이다. 직업 은 전문관리직이 29명(18.2%), 공무원이 3명(1.9%), 사무직이 25명(15.7%), 판매직이 18명(11.3%), 서비스직이 23명(14.5%), 생산직이 22명(13.8%), 농업이 5명(3.1%), 주부가 8명(5.0%), 학생이 8명(5.0%), 기타가 18명(11.3%)이다. 혼인여부는 기혼이 90명(56.6%), 이혼이 17명(8.8%), 사별이 8명(5.0%), 미혼이 47명(29.6%)이다. 세대는 1세가 10명(6.3%), 2세가 45명(28.3%), 3세가 69명(43.4%), 4세가 30명(18.9%), 5세가 5명(3.1%)이다. 배우자의 민족은 고려인이 98명(61.6%), 러시아인이 9명(5.7%), 카자흐인이 4명(2.5%), 기타 1명(0.6%), 해당없음이 47명(29.6%)이다. 출생국가는 카자흐스탄이 122명(76.7%), 우즈베키스탄이 18명(11.3%), 러시아가 14명(8.8%), 키르기스스탄이 3명(1.9%), 타지키스탄이 2명(1.2%)이다. 현 거주 지역은 알마티가 99명(62.3%), 탈디구르간이 22명(13.8%), 우쉬토베가 17명(10.7%), 코스타나이가 16명(10.1%), 타쉬켄트가 2명(1.2%), 기타 3명(1.9%)이다. 현 거주지의 이주 동기는 가족동반이 38명(23.9%), 교육문제가 15명(9.4%), 취업문제가 20명(12.6%), 결혼이 9명(5.7%), 현지 출생이 66명(41.5%), 기타 11명(6.9%)이다.

표 1.5 설문조사 응답자의 일반적 특성

특성		빈도 (명)	비율 (%)	특성		빈도 (명)	비율 (%)
성별	남성	65	40.9	세대	1세	10	6.3
	여성	94	59.1		2세	45	28.3
연령	10대	10	6.3		3세	69	43.4
	20대	40	25.1		4세	30	18.9
	30대	28	17.6		5세	5	3.1
	40대	29	18.2	배우자 민족	고려인	98	61.6
	50대	25	15.7		러시아인	9	5.7
	60대	17	10.7		카자흐스탄인	4	2.5
	70대 이상	10	6.3		기타	1	0.6
학력	중등	3	1.9		해당없음	47	29.6
	고등	24	15.1	출생 국가	카자흐스탄	122	76.7
	전문대학	43	27.0		우즈베키스탄	18	11.3
	4년제대학	78	49.1		러시아	14	8.8
	대학원	10	6.3		키르기스스탄	3	1.9
	무학	1	0.6		타지키스탄	2	1.2
직업	전문관리직	29	18.2	현 거주지	알마티	99	62.3
	공무원	3	1.9		탈디구르간	22	13.8
	사무직	25	15.7		우쉬토베	17	10.7
	판매직	18	11.3		코스타나이	16	10.1
	서비스직	23	14.5		타쉬켄트	2	1.2
	생산직	22	13.8		기타	3	1.9
	농업	5	3.1	현 거주지 이주동기	가족동반	38	23.9
	가정주부	8	5.0		교육문제	15	9.4
	기타	18	11.3		취업문제	20	12.6
	학생	8	5.0		결혼	9	5.7
결혼 여부	기혼	90	56.6		출생	66	41.5
	이혼	17	8.8		기타	11	6.9
	사별	8	5.0				
	미혼	47	29.6				

또한 카자흐스탄 고려인의 디아스포라적 삶과 현지사회에서 적응기제를 살펴보기 위해 면접조사를 실시했다. 아래 〈표 1.6〉은 면접조사 대상자의 일반적 특성을 간략하게 제시한 것이다. 조사대상자 중 강제이주 경험자는 1명이 있으며, 러시아 연해주에서 카자흐스탄 우쉬토베에 정착하였다. 조사대상자 중 강제이주 경험자를 제외하면, 카자흐스탄에서 출생한 사람은 2명에 불과하다. 우즈베키스탄 출생자는 2명이며, 타지키스탄 출생자는 1명, 러시아 사할린 출생자는 2명, 러시아 하바로프스크 출생자는 1명이다.

표 1.6 면접조사 대상자의 일반적 특성

연번	성명[16]	성별	연령	출생지	이주루트
1	최○○○○	남	67세	우즈베키스탄	우즈베키스탄 → 카자흐스탄
2	김○○	여	66세	러시아 사할린	러시아 사할린 → 카자흐스탄
3	임○○○	남	43세	타지키스탄	타지키스탄 → 카자흐스탄
4	유가이 ○○○○	남	44세	우즈베키스탄	우즈베키스탄 → 카자흐스탄
5	천○○○	남	90세	러시아 연해주	러시아 연해주 → 카자흐스탄
6	박○○○	남	75세	카자흐스탄	카자흐스탄
7	조○○○	여	70세	카자흐스탄	카자흐스탄
8	김○○	남	77세	러시아 사할린	러시아 사할린 → 카자흐스탄
9	김○○○	남	27세	러시아 하바로프스크	러시아 하바로프스크 → 카자흐스탄

2) 연구방법

이 책의 연구목적을 달성하기 위해 이 책에서 활용된 연구방법을 제시

16 일부 면접조사 대상자들이 자신의 이름을 밝히기 꺼려한 관계로 이와 같이 표기함.

하면 다음과 같다.

첫째, 문헌연구이다. 코리안 디아스포라가 거주국사회에 안정적으로 적응, 정착하는 과정에서 생산된 간행물이나 사진 등을 수집·발굴하여 코리안 디아스포라의 현지 사회적응 및 차별양상을 살펴보는데 기초자료로 활용하고자 한다.

둘째, 현지조사연구이다. 재일한인의 현지 사회적응 양상과 정착기제를 살펴보기 위해 2014년 4월 17일부터 23일까지 오사카 이쿠노쿠를 방문하였다. 카자흐스탄 고려인 현지조사는 2015년 1월 20일부터 30일까지 알마티, 우쉬토베, 탈디구르간 등을 방문하였다.

셋째, 구술사(oral history)연구이다. 코리안 디아스포라의 현지적응과 정착기제의 특성을 살펴보는데 보완적 차원에서 구술자료를 수집하였다.

이 책은 중국조선족, 재일한인, 카자흐스탄 고려인을 대상으로 코리안 디아스포라의 현지 사회적응 양상은 어떠한지 살펴보고, 코리안 디아스포라들이 현지사회에 안정적으로 적응, 정착하기 위해 활용하고 있는 다양한 수준의 사회정착기제들을 정리하였다. 이 책은 총 여섯 개의 장으로 구성되어 있다.

제1장은 이 책의 목적과 연구내용, 그리고 연구대상과 연구방법에 대해 상세히 기술하였다.

제2장은 코리안 디아스포라의 현지 사회적응과 정착기제를 연구하기에 앞서 디아스포라와 사회적응 및 정착기제에 관한 이론적 내용을 간략히 검토하였다.

제3장은 중국 길림성 연변조선족자치주에 거주하고 있는 조선족을 대상으로, 조선족의 현지 사회적응 양상 및 차별, 삶의 만족도 등을 조사하였다. 그리고 연변조선족들이 현지사회에 적응, 정착하는 과정에서 구축하여 활용한 다양한 수준의 사회정착기제들을 살펴보았다.

제4장은 일본의 도쿄와 오사카에 거주하고 있는 재일한인을 대상으

로, 재일한인의 현지 사회적응 양상 및 차별, 삶의 만족도 등을 조사하였다. 그리고 재일한인들이 현지사회에 적응, 정착하는 과정에서 구축하여 활용한 다양한 수준의 사회정착기제들을 기술하였다.

제5장은 카자흐스탄의 알마티, 우쉬토베, 탈디구르간 등에 거주하고 있는 고려인들을 대상으로 고려인의 현지 사회적응 양상 및 차별, 삶의 만족도 등을 조사하였다. 그리고 고려인들이 현지사회에 적응, 정착하는 과정에서 구축하여 활용한 다양한 수준의 사회정착기제들을 기술하였다.

제6장은 중국조선족, 재일한인, 카자흐스탄 고려인의 현지 사회적응 양상과 사회정착기제에 대한 연구결과를 요약하고, 이 책의 한계와 향후 연구과제에 대하여 간략히 서술하였다.

제2장 이론적 배경

1. 사회적응: 개념 및 구성요소

오늘날 적응이라는 용어는 생물학에서 유래된 것으로 인류학, 심리학, 사회학 등 여러 학문 분야에서 폭넓게 사용되고 있다.[1] 그런 만큼 적응의 사전적 의미도 적합, 순응, 조절, 조정 등 다양한 의미를 내포하고 있다. 인류학에서 적응의 개념은 둘 이상의 문화가 접촉하면서 나타나는 일반적인 변동으로 직접적인 전달의 결과에 의한 것으로 이해되고 있으며, 심리학에서 적응은 개인적인 행동과 태도의 측면에서 연구되고 있다.

이러한 적응의 개념을 단위로 하여 이주자의 적응과 관련된 선행연구들을 보면, 문화변용(적응), 사회적응, 심리적·사회문화적 적응, 지역사회 적응 등 다양하게 연구되고 있다.[2] 첫째, 문화변용 관련 연구는 서로 다른 문화 간의 직접적 접촉으로 인해 나타나는 개인 혹은 집단의 문화적 변화를 설명하는데 초점을 두고 있다.[3] 둘째, 사회적응 관련 연구는 현지사회에 정착하는 과정에서 문화생활, 결혼생활, 경제생활 등 거주국의 정치, 경제, 사회, 문화에 적응하는 과정을 설명하고 있다.[4] 셋째, 심리적·사회문화적 적응 관련 연구는 심리적 적응이 심리 내적인 결과로써 개인적 문화정체성, 좋은 정신건강, 새로운 문화 환경에서의 개인적 만족감에 대해 집중한다면, 사회문화적 적응은 개인이 새로운 환경에서 심리 외적으로 가족과 직장영역에서 일상적 문제들을 처리하는 능력을 주로 설명하고 있다.[5] 마지막으로, 지역사회 적응 관련 연구는 이주자들이 거주하고 있

---

1 임석회, "결혼이주여성의 지역사회 적응 요인에 관한 연구," 『한국경제지리학회지』 제12권 제4호(2009), p. 366.

2 홍봉선 · 아영아 · 우은정(2012), pp. 23-26.

3 대표적으로 Redfield, Linton & Herskovits(1936); Berry(1997) 등이 있다.

4 서광석, "다문화가족의 사회적응을 위한 지원정책에 관한 연구," 인하대학교 대학원 박사학위논문, 2011; 김정훈, "결혼 이주 여성의 사회자본과 사회적응에 관한 연구," 광운대학교 대학원 박사학위논문, 2010 등이다.

5 구차순, "결혼이주여성의 적응에 관한 근거이론연구," 부산대학교 대학원 박사학위논문(2007); Ataca and Berry, J. W., "Psychological, sociocultural and martial adaptation of Turkish

는 영역내에서 사회복리 활동, 생존유지 활동, 사회공간 활동 등을 중심으로 지역사회에 적절히 적응하고 정착하는 것을 설명하는데 초점을 두고 있다.[6]

이주자의 거주국 사회적응에 영향을 미치는 요인은 연구 대상에 따라 또는 연구 주제에 따라 차이가 있으나, 주요 연구자들의 이주자의 적응의 구성 요소를 살펴보면 〈표 2.1〉과 같다. 이주자의 적응의 구성요소는 언어능력, 거주기간, 음식문화, 사회적 연결망, 지역사회 참여, 자아정체성, 지역정보 및 지리적 지식활용, 타문화에 대한 이해, 삶의 만족도, 직업 만족도, 경제적 활동, 생활에 필요한 지식과 기술 습득 및 문제해결 능력, 문화변용 스트레스 등 다양하게 제시되고 있다.

표 2.1 선행 연구자들의 적응의 구성 요소

연구자 (연도)	연구대상	구성 요소
김순규 · 이주재 (2010)	결혼이주여성	언어능력(말하기, 듣기, 읽기, 쓰기), 사회적 지지 (비공식적 자원, 공식적 자원)
박형원 (2010)	재영한인여성	사회적 관계(직장모임, 여가 및 취미활동, 봉사활동 등), 사회적 지지
이재민 · 황선영 (2008)	북한이탈주민	개인적 배경, 사회적 지지, 경제적 요인, 문화적 요인
임석회 (2009)	결혼이주여성	가정생활 및 배우자, 문화이해 및 수용, 자아정체성, 사회적 지지 및 사회적 연결망, 지역사회 생활, 이웃관계
최병두 (2010)	이주노동자	지역의 외부 환경 적응(주거시설, 소비 및 여가시설, 의료기관 이용 등), 지역주민과의 관계, 지역정보 학습,

immigrant couples in Canada," *International Journal of Psychology, vol.37, no.1 (2002).*

6 임석회, "결혼이주여성의 지역사회적응 요인에 관한 연구," 『한국경제지리학회지』 12집 4호(2009); 박은미 · 이곤수, "다문화사회와 지역사회적응: 여성결혼이민자 사례를 중심으로," 『한국행정논집』 21집 2호(2009); 김용태 · 배철효, "북한이탈주민의 지역사회적응과 생활지원방안," 『한국경찰학회보』 제12권 3호(2010) 등이다.

연구자 (연도)	연구대상	구성 요소
현경자 · 김연수 (2011)	결혼이주여성	가족 및 한국문화 이해, 지역사회 이용 및 이해, 한국어 이해 및 사용, 대인관계 및 사회활동 참여, 한국 음식 적응
홍봉선 · 아영아 · 우은정 (2012)	결혼이주여성	대인관계 교류, 사회활동 참여, 지역사회 소속감, 일상생활 만족도, 일상생활 인식 및 활용, 문화적 양식 선호, 언어 소통 능력, 통합된 정체성, 이문화 수용성과 자문화 개방성
Suinn, R. M., Rickard-Figueroa, K., & Lew, S., & Vigil, P (1987)	Asian Acculturation Scale	언어사용, 친교관계, 민족정체성, 행동, 이민세대, 태도
Cuellar, Armold, & Gonzalea (1995)	Mexican Americans Acculturation Scale	언어 구사력 및 선호, 민족정체성, 대인관계 등
Barry (2001)	The East Asian Acculturation Measure	언어 및 음악의 선호, 사회적 상호관계의 태도 및 행동, 의사소통방식 등

이 연구에서는 이주민의 적응을 지역사회 적응에 초점을 두고 분석한 홍봉선·아영아·우은정의 연구에서 사용된 구성요소 및 설문문항을 재구성하여 코리안 디아스포라의 현지 사회적응 양상을 분석하고자 한다. 구체적으로 코리안 디아스포라의 현지 사회적응의 구성요소는 '지역주민과의 교류', '지역사회의 참여', '지역사회의 소속감', '지역사회의 환경 인지 및 시설 이용', '언어 소통 능력', '통합 정체성', '문화적 유연성(이문화 수용성과 자문화 개방성)', '사회적 도움 및 지지' 등 총 8개 영역, 40문항으로 되어 있다.

표 2.2 코리안 디아스포라의 사회적응 구성 요소 및 척도

구성 요소	주요 척도
지역주민과의 교류	지역사회 주민들과의 정서적, 물질적, 도구적 지지를 기반으로 한 친교 활동(4개 문항)
지역사회의 참여	자신과 지역사회의 발전을 위해 다양한 활동에 참여하는 정도(4개 문항)
지역사회의 소속감	지역사회 공동체의 구성원으로서 지역사회로부터의 인정과 스스로가 지역사회 구성원임을 인정하고 있는 상태(4개 문항)
지역사회의 환경 인지 및 시설 이용	지역사회 공동체의 구성원으로서 지역사회 생활에 필요한 주변 환경과 제반시설에 대한 이용(4개 문항)
언어 소통 능력	의사소통에서 일본어의 읽기, 듣기, 말하기, 쓰기 등의 능력(4개 문항)
통합 정체성	모국문화에 대한 자부심과 현지사회의 문화수용에 혼란스러움이 없이 두 문화에 대한 가치와 신념을 수용하여 자신의 정체성을 통합 확대하려는 경향성(3개 문항)
문화적 유연성(이문화 수용성과 자문화 개방성)	두 문화의 차이를 이해하고 편견이나 고정관념이 없이 두 문화를 상호 연결하고 소통시키려는 태도(5개 문항)
사회적 도움 및 지지	비공식적 도움 및 지지 – 가족 및 친척, 친구 및 이웃(8개 문항) 공식적 도움 및 지지 – 지역사회 복지시설 및 사회단체 등(4개 문항)

출처: 홍봉선 · 아영아 · 우은정(2012), p. 54의 자료를 토대로 작성함.

2. 정착기제

1) 사회적 지지[7]

인간의 사회 적응이나 삶의 만족감을 증진시키는데 사회적 지지(social support)는 매우 중요한 자원으로 인식되고 있다. 특히 이주자는 새로운 정착지에 적응하는데 있어 거주국 사회의 문화, 언어, 사회적 관계 등이 매

7 이 부분은 이소영 · 선봉규, "연변조선족자치주 조선족의 '사회적지지'가 중국사회 적응에 미치는 영향," 『동북아연구』 통권 제41호(2015), pp. 218-221의 내용을 발췌함.

우 열악한 수준에 있는 관계로 적응에 어려움을 겪게 된다. 즉 이주자들은 공간적 치환을 통해 거주국 사회에 적응하는 과정에서 신분의 불일치, 소외감, 외로움, 정체성의 혼란 등 심리사회적으로 어려움을 겪으며, 기존의 사회에서 형성된 사회적 지지체계는 해체되거나 아직 충분히 구축되지 못한 관계로 새로운 사회에 적응하기가 더욱 어렵다.[8]

이와 같이 사회적 지지[9]는 이주자의 적응에 영향을 미치는 유용한 변수로 지적되고 있다.[10] 사회적 지지는 삶의 전환기에 적응을 용이하게 하고, 정신적 외로움을 감소시키며, 자긍심이나 자아정체감을 유지하는데 기여한다.[11] 또한 사회적 지지는 심리적 적응 이외에 환경 및 대인관계 적응을 의미하는 사회문화적 적응에도 긍정적인 영향을 미친다.[12] 이러한 맥락에서 이주자의 사회적응을 증진시켜 주는 중요한 요인으로 사회적 지지에 대한 학문적 관심이 증대되고 있다.

사회적 지지는 심리학, 사회복지학, 보건학 분야에서 연구대상이 되어 왔으며, 그 개념 또한 다양하게 정의되고 있다.[13] 토이츠(Thoits)에 의하면,

---

8 김순규 · 이주재, "국제결혼 이주여성의 한국어 능력과 사회적 지지가 한국생활 적응에 미치는 영향." 『한국가족복지학』 제15권 제1호(2010), p. 8.

9 1980년대 후반부터 다양한 학문영역에서 연구되기 시작한 사회자본(social capital)은 개인적 수준의 문제에서부터 한 사회의 발전에 이르기까지 사용되고 있는 개념이다. 윌킨슨(Wilkinson)은 사회자본을 사회응집, 사회적지지, 사회적 통합 또는 시민사회의 확장된 개념으로 정의하고 있다. 김수진 · 차희원, "결속형, 교량형 사회자본과 커뮤니케이션 행위 특성이 음주운전에 미치는 영향: 계획된 행동이론의 적용과 확장." 『한국언론학보』, 제57권 1호(2013), p. 189에서 재인용. 이러한 개념에 따르면 사회적 지지는 사회자본의 한 요소로 볼 수 있다. 관계적 측면에서 볼 때, 사회자본은 사회적 지지라는 매개를 통해 영향을 미친다고 본다. 예컨대, 사회자본이 직접적인 사회적 지지의 매개를 통해 건강에 영향을 미친다거나, 결속형 사회자본이 제공하는 정서적 지지가 심혈관 질환 환자들의 생존율을 높인다는 연구에서 확인할 수 있다. 장서진, "사회자본과 사회적 지지의 지각수준이 치매 예방 행동의도에 미치는 영향: 한국 문화적 특성인 가족건강성의 조절효과." 이화여자대학교 대학원 석사학위논문(2014), p. 9에서 재인용.

10 김순규 · 이주재(2010), p. 9에서 재인용.

11 김미령, "사회적 지지의 개념과 효과에 관한 이론 및 방법론적 고찰." 『임상사회산업연구』 제2권 제1호(2008), p. 100에서 재인용.

12 이소래, "남한이주 북한이탈주민의 문화적응 스트레스에 관한 연구." 이화여자대학교 대학원 석사학위논문, 1997; 곽현지, "저소득층 여성가장의 사회적 지지와 심리적 적응과의 관계에 관한 연구." 대구가톨릭대학교 대학원 석사학위논문, 2005.

13 손충기, "외국인 근로자의 한국어 능력과 사회적 지지가 한국생활 적응에 미치는 영향." 『교육종

사회적 지지는 스트레스 상태에 있는 개인에게 영향을 미칠 수 있는 사람들이 수행하는 원조 기능이다.[14] 허쉬(Hirsh)는 사회적 지지를 개인의 사회적 관계망에 속해 있으면서 개인에게 중요한 영향을 미칠 수 있는 사람들로 이루어진 관계로 보고 있다.[15] 박주연·김경신에 의하면, 사회적 지지는 인간이 사회적 욕구를 충족시키기 위해 다른 사람과의 상호작용을 통해 다른 사람에 의해 제공받는 유·무형의 자원이다.[16]

이와 같은 사회적 지지에 관한 개념 정의를 요약해보면, 사회적 지지는 인간이 사회생활을 영위해 나가는 과정에서 다양한 사회적 관계망에 있는 사람이나 단체로부터 도움을 받는 심리적·물질적 자원이라 할 수 있다. 이러한 사회적 지지는 크게 두 가지 측면, 즉 기능적 측면과 구조적 측면으로 분류되고 있다.[17]

먼저, 사회적 지지의 기능적 측면은 개인이 맺고 있는 실제적인 대인관계의 질을 어떻게 평가하고 지각하는가를 측정함으로써 관계의 질적 측면을 파악할 수 있다. 이에 따른 사회적 지지 유형은 여러 학자들마다 다양하게 제시되고 있다. 대표적으로 박지원은 정서적 지지(존경, 애정, 신뢰, 관심, 정보), 정보적 지지(개인의 문제해결에 이용할 수 있는 정보 제공 행위), 물질적 지지(돈, 서비스, 물건, 시간 등 필요시 직접적으로 돕는 행위), 평가적 지지(자기 평가와 관련된 정보를 전달하는 행위) 등 네 가지 유형으로 분류하였다.[18] 장미경은 도구적 지지(재정적 도움이나 일상생활에서의 과제에 대한 도움 같은 물질적 도움 제공), 정보적 지지(개인이 현재

합연구』 제11권 제4호(2013), p. 344.

14 박윤숙, "북한이탈청소년의 사회적지지 특성과 남한사회 적응에 관한 연구." 서울여자대학교 박사학위논문(2006), pp. 35~36에서 재인용.

15 박윤숙 · 윤인진, "탈북 청소년의 사회적지지 특성과 남한사회 적응과의 관계." 『한국사회학』 제41집 제1호(2007), p. 127에서 재인용.

16 박주연 · 김경신, "가족탄력성과 사회적 지지가 한부모의 심리적 복지에 미치는 영향." 『한국가족관계학회지』 제17권 제1호(2012), p. 28.

17 박주연, "가족탄력성과 사회적 지지가 한부모와 심리적 복지에 미치는 영향." 전남대학교 대학원 박사학위논문(2011), pp. 29~30.

18 박지원, "사회적 지지 척도 개발을 위한 일 연구." 이화여자대학교 대학원 박사학위논문(1985).

의 어려움을 극복하도록 도울 수 있는 적절한 정보의 제공), 정서적 지지(공감, 돌봄, 신뢰를 포함한 정서적인 표현) 등 세 가지로 분류하였다.[19]

다음으로, 사회적 지지의 구조적 측면은 지지를 제공하는 사람들, 즉 관계망의 크기, 구성원과의 접촉 경험 등을 의미한다. 이에 따라 사회적 지지의 제공원들은 다양하게 분류되고 있다. 사회적 지지의 제공원은 가족, 친구, 이웃, 직장동료, 전문가, 상담원, 종교인, 사회단체, 지자체, 정부 등을 일컫는다.[20] 직장인의 경우에는 직장 상사나 동료를 중요한 사회적 지지원에 포함시킬 수 있으며[21], 청소년의 경우에 가장 영향력 있는 사회적 지지원은 부모, 가족, 친구, 교사, 이웃 등이 해당된다.[22] 다문화 외국인의 경우에는 가족, 친구, 한국어를 가르치는 교사 등을 주요 사회적 지지원에 포함시킬 수 있다.[23] 특히 박주연·김경신은 부모·형제 등의 가족 지지, 친구 지지, 이웃 지지, 지역사회 지지, 정부 지지 등으로 확대하여 분류하고 있다.[24]

이러한 구조적 측면의 사회적 지지는 지지 제공원의 성격에 따라 비공식 사회적 지지와 공식 사회적 지지로 분류된다. 비공식 사회적 지지는 가족, 친척, 친구, 지인 등으로 구분되며, 공식 사회적 지지는 정책을 입안하고 지원하는 정부관련 기관, 민간단체, 사회복지관, 종교단체 등이다.

---

19 장미경, "청소년의 상담추구 행동과 사회적 지지망의 관계에 관한 연구." 『한국사회심리학회지: 학교』 제9권 제2호(2012), p. 195.

20 배경희는 사회적 지지를 세 가지 차원으로 분류하고 있다. 첫째는 핵가족의 구성원과 가족처럼 친근한 친구, 친척 또는 친지 등으로부터 받는 지지; 둘째는 첫째보다 덜 친한 친구, 친척 또는 전문인과 서비스를 제공하는 사람으로부터 받는 지지; 셋째는 덜 가까운 사이이면서 자주 접촉하지 않는 사회적 기관으로부터 받는 지지이다. 배경희, "장애아동 가족이 인지한 사회적 지지가 부모의 양육부담 및 대처행동에 미치는 영향." 대구대학교 대학원 박사학위논문(2007).

21 전현모 · 안성근, "외식업체 종사원의 심리적 자본이 직무만족에 미치는 영향: 사회적 지지의 매개 효과를 중심으로." 『외식경영학회』 제15권 제3호(2012).

22 박수영 · 최혜정 · 김순규, "사회적 지지가 중국 연변지역 조선족 청소년의 삶의 질에 미치는 영향: 자아존중감의 매개효과를 중심으로." 『청소년학연구』 제19권 제5호(2012), p. 52.

23 손충기, "외국인 근로자의 한국어 능력과 사회적 지지가 한국생활 적응에 미치는 영향." 『교육종합연구』 제11권 제4호(2013), p. 346.

24 박주연 · 김경신(2012), p. 28.

2) 사회적 네트워크

디아스포라는 자발적 혹은 강제적으로 거주국 사회에 이주한 후 새로운 환경 속에서 문화충격, 사회적 차별, 심리적 혼란 등을 경험하게 된다. 디아스포라는 거주국 사회에서 사회적 소수자의 위치를 가지게 되며, 현지 사회에서 사회적 네트워크가 충분히 구축되어 있지 않기 때문에 사회 적응에 어려움을 겪는다. 따라서 디아스포라는 새로운 거주국 사회에 안정적으로 정착, 적응하기 위해 다양한 사회적 관계들을 구축하는데 노력하고, 이 과정에서 자신의 정체성을 확립해 나간다. 이러한 점에서 사회적 네트워크는 디아스포라의 현지 사회적응을 이해하는데 중요한 요소가 된다.[25]

사회적 네트워크는 디아스포라가 현지 사회에서 집단이나 조직에 참여하여 일정한 사회적 관계(social relationships)를 형성하는 것을 의미한다. 디아스포라는 이러한 사회적 네트워크를 통해 자신의 목적을 달성하거나 자신이 속한 집단 또는 지역사회의 목적을 실현시키고자 한다.[26]따라서 사회적 네트워크는 디아스포라가 새로운 사회에 안정적으로 정착하는데 필요한 다리 역할을 수행하고, 사회적 관계 형성을 증가시키며, 새로운 문화를 거부감 없이 수용하게 함으로써 현지 사회적응을 높이는데 기여한다.[27]

디아스포라가 새로운 사회에서 적응하는데 원천이 되는 사회적 네트워크는 연구자들의 시각에 따라 다양하게 구분된다. 스톤(Stone)은 사회적 네트워크를 크게 비공식 네트워크와 공식 네트워크로 구분하고 있다. 비공식 네트워크는 가족, 친구, 이웃이 포함되며, 공식 네트워크는 집단에

---

25 설진배 · 김소희 · 송은희(2013), p. 237.
26 이주재 · 김순규(2010), p. 75.
27 이주재 · 김순규(2010), p. 76.

기초한 관계, 집단에 기초하지 않은 시민관계, 직장과 연관된 관계, 제도적 관계 등이 해당된다.[28] 전형권과 이소영은 사회적 네트워크를 크게 세 가지로 구분하고 있다. 가족(친족) 네트워크는 선행이주한 가족이나 친척을 의미하며, 사회 네트워크는 거주국 사회에서 친구, 종교, 중개인 등의 사회적 관계를 의미하며, 민족단위의 네트워크는 거주국 사회에서 출신국의 문화를 유지하거나 출신국과의 관계를 유지하는 것을 의미한다.[29] 특히 최근에는 초국적 이주가 일상화되면서 디아스포라들은 모국과 거주국을 연결하는 다양한 사회적 관계들을 형성할 수 있게 되었다.[30]

---

28 Stone(2001): 이주재 · 김순규(2010), p. 75-76 재인용.

29 전형권 · 이소영(2013), p. 212.

30 설진배 · 김소희 · 송은희(2013), p. 237.

제3장 중국조선족의 현지적응과 정착기제

1. 중국의 소수민족정책과 연변조선족자치주

1) 중국의 소수민족정책[1]

중국은 13억 명이 넘는 인구에 56개 민족으로 구성되어 있다. 주류민족인 한족이 전체 인구의 약 91.5%를 차지하고 있으며, 55개 소수민족의 인구는 8.5%에 불과하다. 그러나 55개 소수민족은 전체 국토의 64.3%를 차지하고 있으며, 이들 지역은 풍부한 자연자원을 가지고 있다는 점에서 중국의 국가발전에 매우 중요하다. 특히 55개 소수민족 중 36개 소수민족이 과계민족이어서 변경국가와의 관계에서 직간접적인 영향을 주고받고 있다. 따라서 소수민족문제는 중국의 국가발전에 있어서 매우 중요한 문제로 인식되고 있다.[2]

이러한 맥락에서 중국은 헌법 등에 소수민족에 대한 정책을 명시하고 있다. 헌법 제4조에 "중화인민공화국의 각 민족은 일률적으로 평등하며, 국가는 소수민족이 갖고 있는 합법적인 권리와 이익을 보장한다"고 되어 있다. 이러한 사실에서 유추해 볼 수 있는 것은 중국의 소수민족정책이 민족평등을 지향하고 있다는 점이다. 모든 공민은 민족, 종족, 종교 등을 떠나 똑같이 선거권과 피선거권을 향유할 수 있으며, 각 민족은 법률 앞에서 평등하다. 또한 각 민족은 동등한 취업권리를 향유할 수 있으며 언론·출판·집회·결사·시위 등의 권리를 향유할 수 있다. 이처럼 민족평등정책은 중국의 민족정책의 가장 근본적인 기조이며 민족문제를 해결하는 총정책이다.[3]

중국은 국가통일을 이룩하기 위해 소수민족의 독립을 인정하지 않는

---

1 선봉규, "중국 연변조선족의 9 · 3절 기념축제의 콘텐츠와 정체성 연구," 『평화학연구』 제15권 3호(2014)에서 발췌함.

2 임채완 · 선봉규, "과계민족으로서 중국조선족 민족정체성과 문화변용의 상관성 연구," 『세계지역연구논총』 제31집 3호(2013), p. 143.

3 박금해, "중국의 민족정책: 연변조선족자치주에서의 민족정책의 실현," 한중수교20주년기념국제세미나(2012.8.20).

대신에 소수민족의 지역에 한해 자치구(주)를 인정하고 있다.[4] 이른바 '민족구역자치' 정책으로, 국가의 통일적인 지도하에 각 소수민족집거지에서 구역자치를 실시하고 자치기관을 설립하며, 자치권을 행사하는 정치제도이다. 민족구역자치에 관한 제도화는 1952년 '민족구역자치실시강요' 반포, 1954년과 1982년에 '중화인민공화국헌법' 개정, 1984년 '민족구역자치법' 반포, 2001년 민족구역자치법의 개정 등을 통해 이루어졌다. 이러한 법제를 통해 우리가 알 수 있는 것은 중국을 분열시키지 않고 소수민족 집중 거주지역에서 각 소수민족이 행정, 경제, 문화 분야에서 일정 정도의 민족자치를 실현한다는 것이다.

중국의 소수민족정책의 주요 내용을 살펴보면, ① 민족평등과 단결 추구, ② 민족구역 자치 실시, ③ 소수민족지구 경제·문화사업의 발전 추진, ④ 소수민족 간부 양성, ⑤ 소수민족의 과학·기술·교육·문화·위생사업의 발전 추진, ⑥ 소수민족자치구 자치기관에서 자신의 언어·문자 사용, ⑦ 소수민족의 풍속과 습관의 존중, ⑧ 소수민족의 종교 신앙의 자유 존중 등이다.[5] 그 결과 현재 중국의 소수민족자치는 155개의 민족구역자치지방이 있으며, 그 중 자치구는 5개, 자치주는 30개, 자치현은 120개가 있고, 55개 소수민족 중에서 44개의 민족이 구역자치를 실시하고 있다.[6]

2) 연변조선족자치주 성립과 사회 변화[7]

중국조선족은 19세기 후반 모국의 정치, 경제, 사회적 혼란기에 두만

---

4 김선풍 외, 『재중교포의 무형문화재: 연변조선족자치주 조사보고서』(대전: 국립문화재연구소, 2003), p. 101.

5 전일욱, "중국 소수민족 정책에 대한 SWOT 분석," 『평화학연구』 제10권 4호(2009), pp. 197-201.

6 이규태 · 구광범, 『중국의 소수민족정책 변화와 정책적 함의』 경제인문사회연구회 대중국 종합연구 협동연구(서울: 경제인문사회연구회, 2011), p. 76.

7 선봉규(2014)에서 발췌함.

강과 압록강을 건너 중국(당시 청나라)으로 이주하여 길림성, 흑룡강성, 요녕성 등 동북 3성 지역에 집중 거주하였다. 동북 3성 지역은 당시 항일독립운동의 전진기지의 역할을 담당하고 있었기에 조선족들은 자연스럽게 항일투쟁에 관여하게 되었다. 뿐만 아니라 해방전쟁 시기(1946-1949)에는 중국의 56개 민족 중에서 가장 열성적으로 참여하여 신중국을 건설하는 데 큰 공헌을 하였다.[8] 이러한 조선족의 공헌이 인정되어 연변지역에 조선족 자치구가 성립되었다.

1952년 8월 29일부터 9월 2일까지 연변조선민족자치구 제1차 각 민족 각계 인민대표대회를 개최하여 '연변조선민족자치구각민족각계인민대표대회의조직조례'와 '길림성연변조선민족자치구인민정부조직조례'를 채택했으며, 주덕해를 연변조선민족자치구인민정부 초대 주석으로 선출하였다. 9월 2일 회의가 끝난 후 연변지위에서는 9월 3일에 연변조선민족자치구 창립대회를 소집하고 주덕해주석이 자치구의 창립을 선포했다. 1952년 9월 연변지역에 조선민족자치구가 성립된 이후, 1958년 9월에는 길림성장백조선족자치현이 수립되었고, 동북3성 지역과 내몽골자치구에 약 50여개의 민족자치향(진)이 성립되었다.[9] 이처럼 민족구역자치정책으로 인해 조선족은 민족공동체의 유지와 발전, 민족경제의 발전, 민속문화의 발전 등을 지속적으로 추진할 수 있게 되었다. 특히 연변조선족자치주는 중국내 조선족의 최대 집중 거주 구역이면서 동북지역에서 유일한 소수민족자치주이다. 아울러 30개 민족자치주 중에서 유일하게 '민족단결진보모범자치주'로 선정된 곳이기도 하다.[10]

---

8 항일전쟁에서부터 한국전쟁에 이르기까지 혁명열사의 현황을 보면, 연변자치주에 등록된 혁명열사 1만 4천 740명 중 조선족 혁명열사가 1만 3천 48명으로 88.5%를 차지하고 있다.

9 정신철, 『중국조선족사회의 변천과 전망』(중국: 요녕출판사, 1999), pp. 259-261.

10 이규태 · 구광범(2011), p. 351.

표 3.1 동북3성지역 조선족의 민족구역자치지역[11] 현황

성 구분	길림성	흑룡강성	요녕성
자치주	연변 조선족 자치주	-	-
자치현	장백 조선족 자치현	-	-
자치향(진)	교하시 우림 조선족향, 여길현 토성자 만족조선족향, 유수시 연화 조선족향, 매하구시 소양 만족조선족향, 매하구시 화원 조선족향, 휘남현 루가 조선족향, 유하 현 강가점 조선족향, 유하현 삼원포 조선족진, 통화현 금두 조선족만족향, 통화현 대천원 만족조선족향, 집안시 량수 조선족향, 동풍현 삼합 만족조선족향	해림시 신안 조선족진, 해림시 해남 조선족향, 영안현 와룡 조선족향, 영안현 강남 조선족만족향, 영안현 성동 조선족만족향, 밀산시 화평 조선족향, 밀산시 흥개 조선족향, 동녕현 삼차구 조선족진, 탕원현 탕왕 조선족향, 화천현 성화 조선족향, 의란현 영란 조선족향, 라북현 동명 조선족향, 오상시 민락 조선족향, 상지시 하동 조선족향, 계동현 계림 조선족향, 계동현 명덕 조선족향, 북안시 주성 조선족향, 철력시 년풍 조선족향, 수화시 흥화 조선족향	무순시 순성구 전전 조선족진, 무순시 순성구 리석채 조선족진, 무순현 대남 조선족 만족향, 신빈 만족자치현 왕청문 조선족진, 청원 만족자치현 남팔버족 조선족진, 개원시 팔보 둔족 석백족 조선족진, 환인 만족자치현 아하 조선족향, 환인 만족자치현 육하 조선족향, 환인 만족자치현 괴마 조선족진, 환인 만족자치현 보락보 조선족진, 심양시 동릉구 혼하참 조선족향, 심양시 신성자구 석불사 조선족 석백족향, 심양시 우홍구 대흥 조선족향, 안산시 천산구 송삼태자 조선족 · 만족진, 관전 만족자치현 하로하자 조선족진, 대와현 영흥조선족향
합계	1개 주, 2개 현, 12개 향(진)	19개 향(진)	16개 향(진)

출처: 김종국 · 김원석, 『중국특색 조선족문화연구』(심양: 료녕민족출판사, 2000), pp. 237-238; 임계순, 『우리에게 다가온 조선족은 누구인가』(서울: 현암사, 2003), p. 296에서 재인용

---

11 중국의 행정구역은 성급행정구(직할시, 성, 자치구, 특별행정구), 지급행정구(지급시, 지구, 자치주, 맹), 현급행정구(시할구, 현급시, 현, 자치현, 기, 자치기, 특구, 임구), 향급행정구역(진, 향, 소목, 민족향, 민족소목, 현할구, 가도), 촌급자치조직(촌, 사구) 등으로 구분되어 있다. 민족구역자치는 규모에 따라 자치구, 자치주, 자치현, 자치향 등이 있다. 위키백과, https://ko.wikipedia.org/wiki/%EB%AF%BC%EC%A1%B1%EA%B5%AC%EC%97%AD%EC%9E%90%EC%B9%98(검색일: 2016.12.23)

한편, 1992년 한중수교 이후 연변조선족사회는 커다란 문제에 직면해 있다. 2010년 중국 국가통계국의 자료에 의하면, 중국내 조선족 인구는 총 183만 929명으로 나타났다. 이는 1990년 제4차 인구조사 당시 192만 597명보다 8만 9천 668명(4.6%)가 감소했다. 지역별 분포 현황을 보면, 지역별로는 연변조선족자치주가 속한 길림성이 104만 167명으로 가장 많았고, 흑룡강성 32만 7,806명, 요녕성 23만 9,537명으로, 동북 3성 지역에 전체의 87.8%를 차지했다. 중국내 다른 지역은 산동성(61,556명), 상해시(2만2천257명), 내몽골자치구(18,464명), 천진시(1,8247명), 광동성(17,615명), 하북성(11,296명) 등 한국의 기업이나 기관이 많이 진출했거나 산업이 발달한 도시에 집중적으로 거주하고 있다.[12]

특히 중국조선족의 최대 집거지인 연변조선족자치주[13]에서는 중국내 대도시 및 한국을 비롯한 미국, 일본, 유럽 등으로 이주하면서 인구감소를 겪고 있다.[14] 물론 조선족의 이주는 연변조선족사회의 발전에 기여하고 있다. 즉, 연변주 정부 통계에 따르면 1998년부터 10년 동안 연변 조선족이 해외 노무를 통해 벌어들인 외화는 62억8천만 달러에 달한다. 이 기간 연변주 재정 수입의 절반 이상에 해당하는 금액이다. 한국에서 일하는 연변 조선족이 벌어들이는 외화는 연간 10억달러를 넘어 연변주 GDP(국내총생산)의 33%를 차지하고 있는 것으로 알려지고 있다. 이는 연변지역 농촌경제 수입액보다도 많은 액수다. 한국에서 유입된 외화는 연변을 중국 내 소수민족 자치지역 가운데 손꼽힐 만큼 부유한 자치지역으로 탈바꿈시켰다.[15]

---

12 인민넷, 2012.07.23.

13 연변조선족자치주는 연길, 도문, 화룡, 돈화, 용정, 훈춘 등 6개시와 왕청, 안도 등 2개현으로 구성되어 있다.

14 1953년 당시 조선족은 자치구에서 70.5%를 차지할 정도로 절대 다수를 차지하고 있었으나 이후 점차적으로 감소하는 추세에 있다. 연변조선족자치주의 인구는 2013년 현재 227만 6천 178명이며, 이중 조선족은 79만 9천 504명으로 35.12%를 차지하고 있다. 연합뉴스, 2014.01.16.

15 연합뉴스, 2011.07.08.

그러나 급격한 인구유출은 연변조선족사회에 여러 문제를 일으키는 원인이 되고 있다. 연변조선족자치주의 인구 변화를 보면, 1959년 당시 인구는 총 105만 800여명이었다. 이중 조선족 인구는 57만 9,900명으로 전 주 총인구의 55.1%를 차지하였고, 한족 인구는 45만 9,000여 명으로 전 주 인구의 43.0%를 차지했다. 2007년에는 총 219만여 명이었으며, 이 중 조선족은 36.7%, 한족은 60.4%를 보이고 있다.[16]

연변조선족사회는 농촌지역을 중심으로 집거지를 형성하고 있기 때문에 농촌 인구의 감소는 집거지의 해체를 초래한다. 조선족 집거지의 해체는 조선어와 조선어문을 사용할 수 있는 문화공간이 줄어들 뿐만 아니라, 민족교육의 기회를 상실하게 됨으로써 민족정체성의 위기를 초래할 것이다.[17] 아울러 한국으로의 이주가 본격화되면서 가족이 해체되는 현상이 나타나고 있다. 연길시에서 해마다 평균 1천 800쌍의 부부가 이혼하고 있는데, 이혼의 주된 이유는 부부 한쪽이 오랜 한국생활을 하면서 생긴 부부간 불화 때문인 것으로 분석되고 있다.[18] 조선족가정의 이혼과 부부간의 불화는 자녀교육에도 부정적인 영향을 미치고 있다. 특히 농촌지역에서 조선족 인구의 감소는 한족의 유입을 증가시키는 요인이 되고 있으며, 그 결과 조선족사회는 공동체의 해체와 함께 한족과의 새로운 관계를 형성해야 하는 상황에 놓여 있다.

---

16 위키백과, https://ko.wikipedia.org/wiki/%EC%98%8C%EB%B3%9C_%EC%A1%B0%EC%84%A0%EC%A1%B1_%EC%9E%90%EC%B9%98%EC%A3%BC(검색일: 2016.12.23)

17 임계순(2003), p. 319.

18 연합뉴스, 2011.07.08.

2. 조선족의 사회적응과 차별, 삶의 만족도

1) 통합 정체성

〈표 3.2〉는 연변조선족의 통합정체성에 관한 평균값을 나타낸 것이다. 통합정체성의 구체적인 하위영역 중 '조선족 문화 홍보 중요'의 평균값이 4.19(±.749)로 가장 높은 것으로 조사되었다. '거주지역의 문화 수용'의 평균값이 4.10(±.740)으로 나타났으며, '거주지역의 생활풍습/생활양식에 익숙함'의 평균값이 4.06(±.783)으로 나타났다. '한족과 조선족의 문화적 차이 이해'의 평균값이 4.00(±.768)으로 나타났으며, '한족사람과 긍정적 교우관계'의 평균값이 4.00(±.834)으로 나타났다. '한족과 조선족 문화의 특성 모두 반영'의 평균값이 3.90(±.791)으로 나타났으며, '조선족에 대한 정보 오류 수정'의 평균값이 3.85(±.869)로 나타났다. '한족과 조선족의 문화 연계'의 평균값이 3.66(±.928)로 상대적으로 낮은 것으로 나타났다.

표 3.2 통합정체성에 대한 기술적 통계량

측정 항목	N	평균	표준편차	최소치	최대치
거주지역의 생활풍습/생활양식에 익숙함	218	4.06	.783	2	5
한족과 조선족의 문화적 차이 이해	218	4.00	.768	1	5
거주지역의 문화 수용	218	4.10	.740	2	5
조선족에 대한 정보 오류 수정	218	3.85	.869	1	5
한족사람과 긍정적 교우관계	218	4.00	.834	1	5
조선족 문화 홍보 중요	217	4.19	.749	3	5
한족과 조선족 문화의 특성 모두 반영	218	3.90	.791	1	5
한족과 조선족의 문화 연계	218	3.66	.928	1	5

이와 같이 연변조선족의 통합정체성에 관한 전체 평균값은 3.97로 나타나 연변조선족의 통합정체성이 전체적으로 잘 형성되어 있음을 확인할 수 있다. 이는 5점 척도로 봤을 때 '3점, 보통,' '4점, 그렇다' 사이의 값으로 이는 보통이상의 평균으로 볼 수 있다.

2) 언어소통

〈표 3.3〉은 연변조선족의 언어소통에 관한 평균값을 나타낸 것이다. 언어소통의 구체적인 하위영역 중 '중국어로 의사소통 가능'의 평균값이 3.99(±.852)로 가장 높은 것으로 조사되었다. '행정서류 내용을 중국어로 작성 가능'의 평균값이 3.92(±.892)로 나타났으며, 'TV, 드라마 내용을 중국어로 설명 가능'의 평균값이 3.92(±.917)로 나타났다. '문자나 메일을 중국어로 발송 가능'의 평균값이 3.89(±1.034)로 상대적으로 낮은 것으로 나타났다.

표 3.3 언어소통에 대한 기술적 통계량

측정 항목	N	평균	표준편차	최소치	최대치
TV, 드라마 내용을 중국어로 설명 가능	218	3.92	.917	1	5
문자나 메일을 중국어로 발송 가능	218	3.89	1.034	1	5
행정서류 내용을 중국어로 작성 가능	218	3.92	.892	2	5
중국어로 의사소통 가능	217	3.99	.852	2	5

이와 같이 연변조선족의 언어소통에 관한 전체 평균값은 3.93으로 나타나 연변조선족의 언어소통이 전체적으로 잘 형성되어 있음을 확인할 수 있다. 이는 5점 척도로 봤을 때, '3점, 보통,' '4점, 그렇다' 사이의 값으로 이는 보통이상의 평균으로 볼 수 있다.

3) 사회참여 활동

〈표 3.4〉는 연변조선족의 사회참여 활동에 관한 평균값을 나타낸 것이다. 사회참여 활동의 구체적인 하위영역 중 '자격증/학력 취득 활동에 적극적 참여'의 평균값이 3.57(±.994)로 가장 높은 것으로 조사되었다. '자녀교육 행사에 참여'의 평균값이 3.56(±1.064)로 나타났으며, '취업/창업 교육활동에 참여'의 평균값이 3.45(±1.064)로 나타났다. '지역봉사활동에 정기적 참여'의 평균값이 3.22(±.965)로 상대적으로 낮은 것으로 나타났다.

표 3.4 사회참여 활동에 대한 기술적 통계량

측정 항목	N	평균	표준편차	최소치	최대치
지역봉사활동에 정기적 참여	218	3.22	.965	1	5
자격증/학력 취득 활동에 적극적 참여	217	3.57	.994	1	5
취업/창업 교육활동에 참여	216	3.45	1.064	1	5
자녀교육 행사에 참여	214	3.56	1.089	1	5

이와 같이 연변조선족의 사회참여 활동에 관한 전체 평균값은 3.45로 나타나 연변조선족의 사회참여 활동이 전체적으로 잘 형성되어 있음을 확인할 수 있다. 이는 5점 척도로 봤을 때, '3점, 보통,' '4점, 그렇다' 사이의 값으로 이는 보통이상의 평균으로 볼 수 있다.

4) 일상생활 인지 및 활동

〈표 3.5〉는 연변조선족의 일상생활 인지 및 활동에 관한 평균값을 나타낸 것이다. 일상생활 인지 및 활동의 구체적인 하위영역 중 '거주지역의 시장, 마트, 백화점 인지'의 평균값이 4.25(±.709)로 가장 높은 것으로 조

사되었다. '거주지역의 의료기관 혼자 이용 가능'의 평균값이 4.24(±.761)로 나타났으며, '거주지역의 버스노선 인지'의 평균값이 4.00(±.847)으로 나타났다. '거주지역의 지리 인지'의 평균값이 3.94(±.835)로 상대적으로 낮은 것으로 나타났다.

표 3.5 일상생활 인지 및 활동에 대한 기술적 통계량

측정 항목	N	평균	표준편차	최소치	최대치
거주지역의 버스노선 인지	217	4.00	.847	1	5
거주지역의 시장, 마트, 백화점 인지	218	4.25	.709	3	5
거주지역의 지리 인지	218	3.94	.835	1	5
거주지역의 의료기관 혼자 이용 가능	218	4.24	.761	2	5

이와 같이 연변조선족의 일상생활 인지 및 활동에 관한 전체 평균값은 4.11로 나타나 연변조선족의 일상생활 인지 및 활동이 전체적으로 잘 형성되어 있음을 확인할 수 있다. 이는 5점 척도로 봤을 때, '4점, 그렇다,' '5점, 매우 그렇다' 사이의 값으로 이는 높은 수준의 평균으로 볼 수 있다.

5) 대인관계 교류

〈표 3.6〉은 연변조선족의 대인관계 교류에 관한 평균값을 나타낸 것이다. 대인관계 교류의 구체적인 하위영역 중 '지역주민과 경조사 공유'의 평균값이 3.80(±.926)으로 가장 높은 것으로 조사되었다. '지역주민과 어려움을 상호 도움'의 평균값이 3.74(±.788)로 나타났으며, '지역주민과 함께 여가/취미활동 향유'의 평균값이 3.57(±.949)로 상대적으로 낮은 것으로 나타났다.

이와 같이 연변조선족의 대인관계 교류에 관한 전체 평균값은 3.70로

나타나 연변조선족의 대인관계 교류이 전체적으로 잘 형성되어 있음을 확인할 수 있다. 이는 5점 척도로 봤을 때, '4점, 그렇다,' '5점, 매우 그렇다' 사이의 값으로 이는 높은 평균으로 볼 수 있다.

표 3.6 대인관계 교류에 대한 기술적 통계량

측정 항목	N	평균	표준 편차	최소치	최대치
지역주민과 함께 여가/취미활동 향유	215	3.57	.949	1	5
지역주민과 경조사 공유	216	3.80	.926	1	5
지역주민과 어려움을 상호 도움	217	3.74	.788	1	5

6) 연변조선족의 사회적 지지와 사회적응 관계[19]

(1) 연변조선족의 사회적지지

연변조선족의 사회적 지지는 비공식 사회적 지지, 공식적 사회적 지지 등 2가지 유형이며, 총 10문항으로 5점 척도(1~5점)를 이용하였다. 다음 〈표 3.7〉은 중국조선족 사회적 지지에 대한 평균값을 나타낸 결과이다.

각 유형에 대한 전체 평균은 비공식 사회적 지지가 3.88(±.742)로 나타났고, 공식 사회적 지지가 3.54(±.847)로 나타났다. 각 유형의 하위영역을 구체적으로 보면 다음과 같다. 첫째, 비공식 사회적 지지의 구체적인 하위영역 중 '가족 및 친척의 관심'의 평균값이 4.05(±.865)로 가장 높은 것으로 조사되었다. '가족 및 친척의 대가없는 도움'의 평균값이 3.91(±.852)로 나타났으며, '가족 및 친척의 중국사회 적응 도움'의 평균값이 3.89(±.899)로 나타났다. '친구 및 이웃의 중국사회 적응 도움'의 평균값이 3.86(±.876)로 나타났으며, '친구 및 이웃의 관심'의 평균값이 3.82(±.848)로 나타났다. '가족 및 친척의 경제적 도움'의 평균값이 3.76(±.951)로 상대적으로 낮은 것으

19 이소영 · 선봉규(2015), pp. 232-240의 내용을 발췌함.

로 나타났다. 둘째, 공식 사회적 지지의 구체적인 하위영역 중 '단체 및 조직의 관심'의 평균값이 3.70(±.860)으로 가장 높은 것으로 조사되었다. '단체 및 조직의 중국사회 적응 도움'의 평균값이 3.70(±.897)로 나타났으며, '단체 및 조직의 대가없는 도움'의 평균값이 3.49(±.987)로 나타났다. '단체 및 조직의 경제적 도움'의 평균값이 3.38(±.997)로 상대적으로 낮은 것으로 나타났다.

표 3.7 사회적 지지에 대한 기술적 통계량

내용		N	평균	표준편차	최소치	최대치
비공식	가족 및 친척의 관심	217	4.05	.865	1	5
	가족 및 친척의 대가없는 도움	218	3.91	.852	1	5
	가족 및 친척의 경제적 도움	218	3.76	.951	1	5
	가족 및 친척의 중국사회 적응 도움	218	3.89	.899	1	5
	친구 및 이웃의 중국사회 적응 도움	217	3.86	.876	1	5
	친구 및 이웃의 관심	218	3.82	.848	1	5
전체(비공식 사회적 지지)		218	3.88	.742	1	5
공식	단체 및 조직의 대가없는 도움	217	3.49	.987	1	5
	단체 및 조직의 경제적 도움	215	3.38	.997	1	5
	단체 및 조직의 중국사회 적응 도움	217	3.70	.897	1	5
	단체 및 조직의 관심	216	3.70	.860	2	5
전체(공식 사회적 지지)		218	3.54	.847	1	5

〈표 3.7〉에서 보는 바와 같이, 연변조선족의 공식 사회적 지지는 전체 평균의 최저값이 3.38로 나타나, 연변조선족의 비공식 사회적 지지가 전체적으로 잘 형성되어 있음을 확인할 수 있다. 이는 5점 척도에서 '3점, 보통,' '4점, 그렇다' 사이의 값으로 보통이상의 평균으로 볼 수 있다. 사회적

지지 전체 평균에서 비공식 사회적 지지에 포함된 '가족 및 친척의 관심'이 4.05로 가장 높게 나타났다. 중국조선족은 가족 단위로 중국(연변)으로 이주하여 중국사회에 정착하고 적응하며 살아간다. 최근 이들은 친인척 및 친구들과의 관계맺기를 통하여, 다시 중국의 대도시 및 한국으로 이주하기도 한다. 이러한 가족과 지인 간의 신뢰를 기반으로 비공식 사회적 지지는 중국조선족의 이주와 중국사회 적응을 돕고 있는 것으로 해석된다.

(2) 연변조선족의 지역사회 적응

이 연구에서 연변조선족의 지역사회 적응은 통합정체성, 언어소통, 사회참여 활동, 일상생활의 인지 및 활용, 대인관계 교류 등 5가지 유형이며, 총 23문항으로 5점 척도(1~5점)를 이용하였다. 다음 〈표 3.8〉은 연변조선족의 지역사회 적응에 대한 평균값을 나타낸 결과이다.

각 유형에 대한 전체 평균은 일상생활의 인지 및 활용이 4.11(±.655)로 가장 높았고, 사회참여 활동이 3.42(±.851)로 가장 낮았다. 각 유형의 하위영역을 구체적으로 보면 다음과 같다. 첫째, 통합정체성의 구체적인 하위영역 중 '조선족문화 홍보 중요'의 평균값이 4.19(±.749)로 가장 높은 것으로 조사되었다. '거주지의 문화 수용'의 평균값이 4.10(±.740)으로 나타났으며, '거주지의 생활풍습 및 양식 익숙함'의 평균값이 4.06(±.783)으로 나타났다. '한족과 조선족의 문화차이 이해'의 평균값이 4.00(±.768)으로 나타났으며, '한족과 긍정적 교우관계'의 평균값이 4.00(±.834)으로 나타났다. '한족과 조선족 문화특성 반영'의 평균값이 3.90(±.791)으로 나타났으며, '조선족에 대해 정보 오류 수정'의 평균값이 3.85(±.869)로 나타났다. '한족과 조선족의 문화 연계'의 평균값이 3.66(±.928)로 상대적으로 낮은 것으로 나타났다.

둘째, 언어소통의 구체적인 하위영역 중 '중국어로 의사소통 가능'의 평균값이 3.99(±.852)로 가장 높은 것으로 조사되었다. '중국어로 행정서류 작성 가능'의 평균값이 3.92(±.892)로 나타났으며, '중국어로 TV방송 설명 가능'의 평균값이 3.92(±.917)로 나타났다. '중국어로 문자 및 메일 발송 가능'의 평균값이 3.89(±1.034)로 상대적으로 낮은 것으로 나타났다. 셋째, 사회참여 활동의 구체적인 하위영역 중 '자격증 및 학력 취득 적극적 참여'의 평균값이 3.57(±.994)로 가장 높은 것으로 조사되었다. '자녀교육 행사 참여'의 평균값이 3.56(±1.089)로 나타났으며, '취업 및 창업 교육활동 참여'의 평균값이 3.45(±1.064)로 나타났다. '지역봉사활동 정기적 참여'의 평균값이 3.22(±.965)로 상대적으로 낮은 것으로 나타났다. 넷째, 일상생활 인지 및 활용의 구체적인 하위영역 중 '거주지의 상점 인지 및 활용'의 평균값이 4.25(±.709)로 가장 높은 것으로 조사되었다. '거주지의 의료기관 혼자 이용 가능'의 평균값이 4.24(±.761)로 나타났으며, '거주지의 버스노선 인지 및 활용'의 평균값이 4.00(±.847)으로 나타났다. '거주지의 지리적 인지'의 평균값이 3.94(±.835)로 상대적으로 낮은 것으로 나타났다. 다섯째, 대인관계 교류의 구체적인 하위영역 중 '지역주민과 경조사 공유'의 평균값이 3.80(±.926)으로 가장 높은 것으로 조사되었다. '지역주민과 어려움을 상호 도움'의 평균값이 3.74(±.788)로 나타났으며, '지역주민과 여가 및 취미활동 향유'의 평균값이 3.57(±.949)로 상대적으로 낮은 것으로 나타났다.

이와 같이, 연변조선족의 지역사회 적응의 평균은 모든 하위영역에서 보통이상으로 나타나 전체적으로 잘 형성되어 있음을 확인할 수 있다. 지역사회 적응 전체 평균에서 '거주지의 상점 인지 및 활용'이 4.25로 가장 높게 나타났으며, '지역 봉사활동의 장기적 참여'가 3.22로 가장 낮게 나타났다. 이러한 결과에서 볼 때, 연변조선족은 일상생활 영역에서의 인지와 활용은 잘 이루어지고 있는 반면, 지역공동체 차원에서 이루어지는 사회참여 및 활동은 상대적으로 미약한 것으로 볼 수 있다.

표 3.8 사회적응에 대한 기술적 통계량

측정 항목		N	평균	표준 편차	최소치	최대치
통합 정체성	거주지의 생활풍습/양식 익숙함	218	4.06	.783	2	5
	한족과 조선족의 문화차이 이해	218	4.00	.768	1	5
	거주지의 문화 수용	218	4.10	.740	2	5
	조선족에 대해 정보 오류 수정	218	3.85	.869	1	5
	한족과 긍정적 교우관계	218	4.00	.834	1	5
	조선족 문화 홍보 중요	217	4.19	.749	3	5
	한족과 조선족 문화특성 반영	218	3.90	.791	1	5
	한족과 조선족의 문화 연계	218	3.66	.928	1	5
전체(통합정체성)		218	3.97	.726	2	5
언어 소통	중국어로 TV방송 내용 설명 가능	218	3.92	.917	1	5
	중국어로 문자/메일 발송 가능	218	3.89	1.034	1	5
	중국어로 행정서류 작성 가능	218	3.92	.892	2	5
	중국어로 의사소통 가능	217	3.99	.852	2	5
전체(언어소통)		218	3.92	.844	2	5
사회 참여 활동	지역봉사 활동 정기적 참여	218	3.22	.965	1	5
	자격증/학력 취득 참여	217	3.57	.994	1	5
	취업/창업 교육활동 참여	216	3.45	1.064	1	5
	자녀교육 행사 참여	214	3.56	1.089	1	5
전체(사회참여 활동)		218	3.42	.851	1	5
일상 생활 인지 활용	거주지의 버스노선 인지/활용	217	4.00	.847	1	5
	거주지의 상점 인지/활용	218	4.25	.709	3	5
	거주지의 지리적 인지	218	3.94	.835	1	5
	의료기관 혼자 이용 가능	218	4.24	.761	2	5
전체(일상생활 인지활용)		218	4.11	.655	3	5
대인 관계 교류	지역주민과 여가/취미활동 향유	215	3.57	.949	1	5
	지역주민과 경조사 공유	216	3.80	.926	1	5
	지역주민과 어려움을 상호 도움	217	3.74	.788	1	5
전체(대인관계 교류)		218	3.67	.736	2	5

(3) 연변조선족의 사회적 지지와 지역사회 적응의 영향관계

이 연구는 회귀분석을 통한 변수들의 영향관계를 살펴보기에 앞서 연변조선족의 사회적 지지와 지역사회 적응이 어떻게 서로 관련되어 있는가 알아보기 위해 피어슨의 상관계수를 산출하였다.

① 상관관계

독립변수인 연변조선족의 사회적 지지의 하위 2가지 영역과 종속변수인 연변조선족의 지역사회 적응의 하위 5가지 영역의 상관관계를 분석한 결과는 〈표 3.9〉와 같이 나타났다. 설명 변인들 간의 다중공선성 발생여부를 확인한 결과, 모든 상관계수는 0.8이하로 다중공선성의 문제가 나타나지 않는다.

표 3.9 사회적 지지와 지역사회 적응의 상관관계분석 결과

구분	사회적 지지		지역사회 적응				
	비공식	공식	정체성 통합	언어소통	사회참여	인지활용	대인관계
비공식	1						
공식	.710***	1					
정체성통합	.766***	.599***	1				
언어소통	.426***	.339***	.515***	1			
사회참여	.483***	.526***	.509***	.325***	1		
인지활용	.583***	.457***	.621***	.394***	.379***	1	
대인관계	.445***	.400***	.501***	.384***	.433***	.426***	1

주) ***p<.001

상관관계 분석 결과, 비공식 사회적 지지와 통합정체성은 상관관계 계수 0.7이상으로 높은 상관관계를 보인다. 사회적 지지의 하위영역인 비공식 또는 공식 사회적 지지와 지역사회 적응의 하위영역인 통합정체성, 언

어소통, 사회참여 활동, 일상생활의 인지 및 활용, 대인관계 교류는 모두 상관계수 0.4이상으로 다소 높은 상관관계를 보인다. 이는 독립변수인 사회적 지지와 종속변수인 지역사회 적응 간의 관련성이 깊으며, 중국조선족의 사회적 지지가 높을수록 지역사회 적응이 잘 이루어지고 있다는 것을 시사한다.

② 지역사회 적응에 대한 사회적 지지의 영향력

연변조선족의 사회적 지지가 지역사회 적응에 미치는 영향관계를 검증하기 위해 독립변수인 비공식 사회적 지지, 공식 사회적 지지를 투입하여 지역사회 적응에 미치는 영향력을 분석한 결과는 〈표 3.10〉과 같다.

표 3.10 지역사회 적응에 대한 사회적 지지의 단계적 회귀분석 결과

예측변인	비표준화계수		표준화계수	df	t	공선성 통계량	
	B	SE	β			공차	VIF
상수	1.617	.132			12.212***		
비공식 사회적 지지	.450	.047	.598	2	9.512***	.495	2.019
공식 사회적 지지	.138	.041	.209	215	3.319**	.495	2.019

R^2=.579, 모형적합도 F=147.780, p=.000

주) 종속변수(상수): 지역사회 적응, **p<.01 , ***p<.001,
주) B: 비표준화회귀계수, SE: 표준오차, β: 표준화회귀계수

단계적 회귀분석을 실시한 결과, 모델의 설명력을 나타내는 결정계수(R^2)는 .579로 나타나 연변조선족의 사회적 지지를 57.9% 설명하고 있다. 모델의 적합성을 나타내는 F값은 147.780(p=.000)으로 통계적으로 유의미하였다(p<.001). 독립변수 중 비공식 사회적 지지(β=.598, p<.001), 공식 사회적 지지(β=.209, p<.01)가 통계적으로 유의미하였다. 즉, 연변조선족의 사회

적 지지가 높을수록 지역사회 적응이 높아지는 것을 알 수 있다. 비공식 사회적 지지가 지역사회 적응에 미치는 영향력이 가장 높았으며(β=.598), 다음이 공식 사회적 지지(β=.209) 순서로 나타났다. 요컨대, 연변조선족이 중국사회에 안정적으로 적응, 정착하는데 있어서 가족 및 친지의 도움과 같은 비공식 사회적 지지가 많은 영향을 주었다.

연변조선족의 지역사회 적응에 대한 인구사회학적 특성, 사회적 지지의 설명력을 파악하기 위해 위계적 회귀분석을 실시한 결과는 〈표 3.11〉과 같다.

표 3.11 지역사회 적응에 대한 사회적 지지의 위계적 회귀분석 결과

예측변인	모형 1				모형 2			
	B	SE	β	t	B	SE	β	t
(상수)	2.654	.408		6.506***	1.258	.281		4.468***
성별(남자=1, 여자=0)	-.012	.070	-.011	-.171	-.001	.046	-.001	-.019
연령	.004	.004	.114	1.059	.000	.002	.007	.102
혼인(미혼=1, 기혼=0)	.130	.119	.093	1.091	-.005	.079	-.003	-.060
교육수준	.143	.028	.380	5.122***	.089	.019	.236	4.760***
세대	-.061	.051	-.104	-1.207	-.035	.034	-.060	-1.048
연수입	.048	.029	.099	1.627	.037	.019	.076	1.890
중국어수준	.109	.041	.184	2.651**	.073	.027	.124	2.696**
조선어수준	.051	.044	.074	1.160	.009	.029	.013	.300
비공식 사회적 지지					.404	.044	.537	9.298***
공식 사회적 지지					.126	.038	.191	3.306**
F	8.151***				42.729***			
R^2	.238				.674			
수정된 R^2	.209				.658			
F 변화량	8.151***				138.227***			
R^2 변화량	.238				.436			

주) 종속변수(상수): 지역사회 적응, **p<.01, ***p<.001

먼저, 1단계에서 인구사회학적 변인을 독립변인으로 투입했으며, 투입된 변인들은 전체 지역사회 적응의 23.8%를 설명하며 통계적으로 유의미했다. 2단계에서는 비공식 사회적 지지, 공식 사회적 지지를 추가 투입했을 때, 43.6%가 증가하여 전체 지역사회 적응의 67.4%를 설명했으며, 통계적으로 유의미하였다. 1단계 투입한 인구사회학적 특성은 교육수준, 중국어수준을 제외하고는 모두 통계적으로 유의미하지 않았다. 2단계 투입한 사회적 지지 중에는 비공식 사회적 지지(β=.537, p<.001)와 공식 사회적 지지(β=.191, p<.01)의 설명력이 통계적으로 유의미하였다. 이러한 결과는 연변조선족의 지역사회 적응에 영향을 주는 요인에서 교육수준과 중국어수준은 연변조선족의 사회적 지지와 상관이 있으며, 성별, 연령, 혼인상태, 세대, 연 수입, 조선어수준은 연변조선족의 사회적 지지와 상관이 없다는 것을 설명하고 있다.

7) 조선족의 차별 양상

연변조선족이 지역사회에서 생활하는 동안 겪는 차별에 대한 실태를 살펴보면, 〈표 3.12〉와 같다. 〈표 3.12〉에서 보듯이, 연변조선족은 전반적으로 차별을 겪지 않고 살아가는 것으로 나타났다. 이러한 사실은 연변지역이 조선족자치주라는 지역적 특성과 연관되어 있다. 여러 항목 중에서 가장 낮은 평균값을 보인 항목은 “조선족이라는 이유로 같은 조선족에게 무시당하거나 무안을 당한 적이 있음”이라는 항목으로 평균 1.49로 나타났다, 반면, 가장 높은 평균값을 보인 항목은 “조선족이 필요로 하는 정보를 쉽게 얻을 수 없거나 이해하기 어려움”이라는 항목으로 평균 2.07로 나타났다.

표 3.12 연변조선족의 차별 양상

측정 항목	최소값	최대값	평균	표준편차
조선족이라는 이유로 나를 무시하는 말이나 심한 표현을 들은 적이 있음	1	5	1.71	.840
조선족을 비하하고 무시하는 단어를 들은 적이 있음	1	5	1.96	.909
외모나 언어에 대해 사람들이 거부감을 갖거나 싫어하는 느낌을 받은 적이 있음	1	5	1.66	.799
조선족이기 때문에 잘 말하지도, 잘 듣지도 못하는 식의 대우를 받은 적이 있음	1	5	1.70	.809
조선족이기 때문에 앓을 때 의사나 주변사람이 대수롭지 않게 생각한 적이 있음	1	5	1.61	.756
조선족이라는 이유로 다른 사람이 내가 하는 말이나 행동을 못 미더워한 적이 있음	1	5	1.61	.726
조선족이라는 이유로 내가 궁금해 하는 것을 모른척하거나 몰라도 된다며 대답해 주지 않은 적이 있음	1	5	1.55	.700
할 수 있는 일인데도 조선족이라는 이유로 제대로 하지 못할 것으로 여겨 부탁내지 요청 받지 못한 적이 있음	1	5	1.66	.777
조선족이라는 이유로 의사결정과정에서 내 의견을 무시당하거나 배제된 적이 있음	1	5	1.59	.695
조선족이라는 이유로 내가 식당, 커피숍, 편의점 등에 들어가면 주인이 무관심하거나 불편해한 적이 있음	1	5	1.54	.718
조선족이라는 이유로 같은 조선족에게 무시당하거나 무안을 당한 적이 있음	1	5	1.49	.685
조선족이 할 수 있는 마땅한 일자리를 찾기가 어려움	1	5	1.60	.765
조선족은 능력에 상관없이 적절한 대우를 받지못함	1	5	1.65	.890
조선족이 즐길만한 문화, 여가시설이나 프로그램이 부족함	1	5	1.96	1.053
조선족이 필요로 하는 정보를 쉽게 얻을 수 없거나 이해하기 어려움	1	5	2.07	1.014
사는 지역에서 조선족에 대한 차별을 느낀 적이 있음	1	5	1.66	.826
일상생활에서 문화, 예절의 차이로 차별을 경험한 적이 있음	1	5	1.70	.865
중국의 소수민족정책때문에 차별을 경험한 적이 있음	1	5	1.68	.823

측정 항목	최소값	최대값	평균	표준 편차
조선족이라는 이유로 직장에서 차별을 경험한 적이 있음	1	5	1.56	.780
조선족이라는 이유로 학교에서 차별을 경험한 적이 있음	1	5	1.52	.707
공무원 및 학교 교원채용과 관련하여 차별을 경험한 적이 있음	1	5	1.57	.779
조선족 학교의 차별에 대해 경험한 적이 있음	1	5	1.60	.751
정부의 선거권제도 때문에 차별을 경험한 적이 있음	1	5	1.56	.760

연변조선족이 직장에서 겪는 차별에 대한 실태를 살펴보면, 〈표 3.13〉과 같다. 〈표 3.13〉에서 보듯이, 연변조선족은 전반적으로 차별을 겪지 않고 직장생활을 영위하고 있는 것으로 나타났다. 여러 항목 중에서 평균값이 가장 낮은 항목은 "임금을 정해진 날짜에 받지 못한 적이 있음"이라는 항목으로 평균 1.89를 나타낸 반면, 가장 높은 항목은 "일을 잘 못 한다거나 느리다는 이유로 임금에서 지급받지 못한 적이 있음"이라는 항목으로 평균 1.99로 나타났다.

표 3.13 직장에서의 차별 양상

질문항목	최소값	최대값	평균	표준 편차
임금을 정해진 날짜에 받지 못한 적이 있음	1	2	1.89	.311
임금의 일부나 잔액을 받지 못한 적이 있음	1	2	1.92	.266
일을 잘 못 한다거나 느리다는 이유로 임금에서 지급받지 못한 적이 있음	1	2	1.99	.089
일이 없거나 적다고 해고당한 적이 있음	1	2	1.98	.126
업무시간이 끝난 이후나 휴일에 강제로 일한 적이 있음	1	2	1.91	.284
업무시간에 화장실을 마음대로 가지 못하게 했음	1	2	1.97	.166
정해진 작업량을 마치기 전까지 식사나 퇴근을 금지 당했음	1	2	1.98	.126

8) 조선족의 삶의 만족도

연변조선족이 지역사회의 구성원과 함께 생활하면서 느끼는 만족도를 살펴보면 〈표 3.14〉와 같다. 현재 중국에서의 생활은 전반적으로 만족하고 있는 것으로 보인다. 구체적으로 항목 간 평균값을 살펴보면, 가장 높은 평균값을 보인 항목은 "가족들과의 관계에 만족함"으로 평균 4.33이다. "현재 사귀는 친구들과의 관계에 만족함"과 "친척들과의 관계에 만족함"이 각각 평균 4.26, 평균 4.18로 나타났다. 이러한 사실에서 연변조선족을 가족을 비롯하여 친척이나 친구들과의 교류 및 관계에 크게 만족하고 있음을 이해할 수 있다. 다시 말해, 연변조선족은 지역사회에서 정착, 적응하는데 비공식적지지 내지 가족 및 친척네트워크가 잘 구축되어 있으며, 이를 적극 활용하고 있음을 알 수 있다.

중국정부의 소수민족정책, 선거방식, 교육정책, 공무원 및 교원채용 등의 항목에서는 상대적으로 낮은 평균값을 보이고 있다. 여러 항목 중에서 가장 낮은 평균값을 보인 항목은 "현재 나의 한 달 수입에 만족함"으로 평균 3.57로 나타났다. 이러한 사실은 현재 연변조선족의 상황과 밀접히 연관되어 있다. 즉, 연변조선족은 1992년 한중수교 이후, 경제적인 이익을 실현하기 위해 중국의 내륙 대도시나 한국으로의 이주가 급증하고 있다는 점이다.

표 3.14 연변조선족의 삶의 만족도

질문항목	최소값	최대값	평균	표준편차
현재 중국에서의 생활에 만족함	1	5	4.03	.969
일상적으로 먹는 음식에 만족함	1	5	4.17	.873
일상적으로 입는 옷에 만족함	1	5	4.18	.859
가족들과의 관계에 만족함	1	5	4.33	.791
현재 사귀는 친구들과의 관계에 만족함	1	5	4.26	.788
친척들과의 관계에 만족함	1	5	4.18	.857
한족사람들과의 관계에 만족함	1	5	4.04	.884
요즘 신체 건강상태에 만족함	1	5	3.89	.936
요즘 정신 건강상태에 만족함	1	5	4.05	.921
현재 하고 있는 일에 대해 만족함	1	5	4.02	.866
현재 나의 한 달 수입에 만족함	1	5	3.57	1.183
현재 사회생활에 만족함	1	5	3.92	.882
주변사람들이나 일터에서 동료들과의 관계에 만족함	1	5	4.09	.831
요즘 내가하는 여가생활에 만족함	1	5	3.99	.946
요즘 저녁시간이나 주말을 보내는 방법에 만족함	1	5	3.94	.978
나의 삶에서 기쁨을 얻고 있다고 느낌	1	5	4.08	.903
내가 원하는 만큼 자우가 있다고 느낌	1	5	4.07	.847
전반적으로 나에게 만족함	1	5	4.05	.839
현재 행복함	1	5	4.16	.796
내가 가치 있는 사람이라고 느낌	1	5	4.19	.778
정부가 시행하는 소수민족정책에 대해 만족함	1	5	3.94	.887
중국의 신문, 잡지, 인터넷사이트 등에 대해 만족함	1	5	3.91	.918
조선족들과의 관계에 만족함	1	5	4.08	.844
조선족의 단체나 조직에서 실시하는 행사에 만족함	1	5	3.98	.895
정부의 선거방식에 대해 만족함	1	5	3.84	.964
정부가 시행하는 조선족의 교육정책에 대해 만족함	1	5	3.90	.977
정부가 시행하는 공무원 및 학교교원 채용에 대해 만족함	1	5	3.85	.964

3. 연변조선족의 사회정착기제

1) 민족교육

(1) 초·중등학교

연변지역은 중국에서 유일한 자치주로서 유치원, 초·중등교육에서부터 대학교육에 이르기까지 완전한 민족교육체제를 구축하고 있다. 중국의 조선족 학교는 1906년의 서전서숙을 효시로 하여 많은 학교가 설립되기 시작하였다. 조선족 학교는 당시 역사적 상황에 따라 민중의 힘으로 세워진 사립학교가 대부분이며 민족교육과 반일교육이 주류를 이루었다. 조선족 학교는 대부분 연변지역에 위치하고 조선족의 중소학교(초중등학교)는 학생과 교사 모두 조선족인 학교이며, 교과서는 조선어로 편찬하여 사용한다.[20] 최근 1997년에서 2005년까지 조선족 초등학교의 경우 697개가 감소했고, 학생 수도 118,462명이 감소했다. 중학교도 이 기간 동안 42곳이 감소하고 학생 수는 25,961명 감소했다.[21] 조선족의 초등학교, 중학교 현황을 살펴보면 〈표 3.15〉와 같다.

표 3.15 중국조선족 초등학교 · 중학교 현황(1949~2005)

구분 / 연도	소학교(초등학교)			중학교		
	학교	학생	교직원	학교	학생	교직원
1949	1,500	180,000	5,500	70	550	16,700
1988	1,126	186,434	14,473	213	107,366	9,572
1993	1,146	162,257	13,902	185	83,457	9,912
1997	984	156,864	16,078	211	88,304	9,734
2005	287	38,402	7,459	169	62,343	6,159

출처: 재외동포교육재단 통계자료, 2008; 구자억(2008), p. 47에서 재인용.

20 황기우, "중국 조선족의 민족교육 실태 분석," 『교육문제연구』 제21집(2004), p. 101.

21 구자억, 『재외동포 교육실태 및 인재육성 방안 연구(1): 중국 조선민족교육의 실태 및 발전방안을 중심으로』(한국교육개발원, 2008), p. 47.

연변지역의 조선족학교 현황을 살펴보면, 초등학교, 중학교, 연합학교가 있는데 이중 소학교는 학교 수가 67개, 학생 수 23, 651명, 교사수가 3,080명이다. 중학교의 경우 학교 수 45개, 학생 수 15,736명, 교사 수 3,706명이며, 연합학교의 경우 학교 수 85개, 학생 수 5,118명, 교사 수 8,139명이다.

표 3.16 연변지역의 조선족학교 현황

학교유형	학교 수	학생 수	교사 수
초등학교	67	23,651	3,080
중학교	45	15,736	3,706
연합학교	85	5,118	1,353
합계	197	44,505	8,139

출처: 재외동포교육재단 통계자료, 2008; 구자억(2008), p. 48에서 재인용

(2) 연변대학

연변조선족의 고등교육기관은 연변대학과 연변과학기술대학이 있다. 연변대학은 1949년 3월 20일에 설립되었다. 연변대학은 중국이 소수민족지역에 최초로 설립한 대학 가운데의 하나이다. 중국의 소수민족정책에 따라 자치구에 조선족을 위한 대학을 설립하여 지역 사회를 지도할 간부급 인사들을 양성하여 자치구 발전을 도모하고, 중국에 기여할 수 있는 우수한 인재들을 육성할 목적으로 설립되었다. 이 대학은 초기부터 민족 종합대학으로서 문학부, 이공학부, 의학부를 설치하였으며 교직원 153명, 학생 427명으로 출발하였다. 이후 학부와 전문학과를 기반으로 사범학원·공학원·의학원·농학원을 설립하였다. 1958년 중공길림성위원회의 비준을 거쳐 4개의 독립된 대학과 학원으로 분리되었으나 1959년 공학원이 다시 대학으로 합병되었다. 1983년 1월과 1988년 6월에는 연길에 연변사범고등전문학교(延邊師範高等專門學校)와 길림예술학원(吉林藝術學院) 연변분원의 5개 고등학교를 합병하여 연변대학을 확충하였다. 또한 1996년에

국가교육위원회(國家教育委員會)의 비준을 거쳐 연변중외합작운영학교인 연변과학기술대학을 합병하였다. 연변과학기술대학 합병 후 발전을 거듭한 연변대학은 경제관리학원·법학원·조선—한국학학원·조선무용학원·사범학원·의학원·농학원·이공학원·인문학원·예술학원·과학기술학원·성인교육학원 등 19개 학원(단과대학)과 68개 학부를 개설하였고, 박사 8개 과정, 석사 78개 과정에서 학위를 수여하고 있다. 부설연구기관으로는 동북아연구원, 동방문화연구원, 백두산천연자연보호 및 개발연구원, 민족연구원 등이 있으며, 두만강개발연구소, 중, 조, 한, 일 관계사연구소 등 41개 학부산하과학기술연구기관이 있고, 국가교육부 중, 조, 한, 일 비교문화연구센터, 연변마이크로연구소 등 5개의 과학기술 연구단지가 있다. 연변대학교는 인문학 분야 및 지역 특성연구의 범위를 넓혀 중조 한일문화 비교 연구센터, 국무원 교민화문 교육센터, 국가한어교육 대외한어 중점학교, 길림성 철학사회과학 동북아 연구센터, 백두산 천연자원 및 기능분자실험실 등 교육부 성(省)산하 대학인문사회과학 연구센터를 설립하여 운영하고 있다.[22]

연변대학은 연변지역에서 최고학부이며, 조선족 인재 양성의 요람으로써 위상을 가지고 있다. 연변대학의 학생 모집은 민족대학으로써 조선족학생이 성내 총 모집계획의 50%를 차지하게 하고 있다. 그러나 최근의 경향에 따르면, 연변대학의 조선족학생은 해마다 감소하는 추세를 보이고 있다. 그 원인은 조선족학생들이 외지대학에 가 공부하려는 경향이 있고 해외유학과 조선족의 연해도시 및 해외 이주 등과 관계가 있다.[23]

연변대학과학기술학원은 1992년 설립된 중국 최초의 중외 합작 대학이다. 교육이념은 창의, 협력, 봉사이다. 2009년 4월 기준, 학과는 생물공

---

22 한국민족문화대백과사전 홈페이지, https://encykorea.aks.ac.kr/(검색일: 2016.12.23)

23 길림신문, 2014.05.21, http://www.jlcxwb.com.cn/edu/content/2014-05/21/content_135774.htm(검색일: 2016.12.23)

사진 3.1 중국 연길시 연변대학

전전공전업, 화학공정 및 공예전공전업, 재료기계자동화공전업, 컴퓨터과학 및 기술전광전업, 통신공정전공전업, 건축예술전업, 국제경제무역전공전업, 정보관리와 정보통제전공전업, 영어학전공전업, 독일어학전공전업, 동양어전업, 간호전업 등이 있다. 교직원은 총 387명, 재학생은 총 1,776명이다.[24]

2) 신문·방송 및 출판

(1) 연변일보

연변일보는 1948년 4월 1일에 창간된 중국내 최초의 조선족 종합일간지이면서 연변조선족자치주 당위원회 기관지이다. 연변일보는 중국조선족의 발전상과 역사를 기록한 민족의 일기장으로써 의의를 가지고 있다. 연변일보는 1996년 9월 조선족 언론 사상 처음으로 〈조국변강 만리행〉

24 연대과학기술대학 홈페이지, http://www.yust.edu/ysm/kr/main/(검색일: 2016.12.23)

대형기획시리즈를 펼쳐 개혁개방의 교 역할을 하고 있는 중국 연해 10개 성과 도시의 개혁개방 상황을 정리하였다.[25]

(2) 인터넷길림신문

인터넷길림신문은(中國吉林罔) 조선족 언론계에서 최초로(2000년 1월 1일) 인터넷신문을 개척하였다. 인터넷길림신문은 중국 길림성당위에서 주최하고, 길림신문사에서 대행하는 성급 중점 뉴스 웹사이트이다. 인터넷길림신문은 중국의 개혁개방정책과 중국식사회주의 건설 행정에 나타난 제반 최신 성과와 뉴스, 정보, 지식을 전달하고 있다. 정치, 경제, 문화, 교육, 과학, 관광, 스포츠 등 독자들의 관심사를 폭넓게 다루면서, 특히 200만 중국조선족들의 생활현상과 관련 뉴스를 주제로 취급하고 있다. 인터넷길림신문은 중국 전 지역과 한국, 조선, 일본, 미국, 유럽 등에서 중국조선족의 대변지로 자리매김 하고 있다.[26]

사진 3.2 연변일보(좌)와 인터넷길림신문(우)

(3) 연변인민출판사

연변인민출판사는 중국 소수민족 가운데서 최초로 1951년에 세워진 소수민족 종합출판사이다. 연변인민출판사에서는 연변문학, 문화시대,

---

25 연변일보 홈페이지, http://www.iybrb.com/about.aspx?t=1(검색일: 2016.12.23)

26 인터넷길림신문 홈페이지, http://www.jlcxwb.com.cn/(검색일: 2016.12.23)

동방의학과 건강, 소년아동, 예술세계, 대중과학, 청년생활, 연변녀성, 천지소설, 법률과 생활, 로년세계, 중학생, 소학생한어작문 등 총 13종의 간행물을 출판하고 있다.[27] 이외에도 조선족의 역사와 문화를 계승하기 위해 조선말대사전, 중국 연변조선족력사화책, 20세기중국조선족문학선집, 중국조선족교향음악선집, 연변노래 60년, 중국조선족 문학통사, 중국조선족사료전집, 중국조선족예술사, 중국조선족중소학생백과문고, 중국두만강구역합작개발경제총서 등을 출판하였다.[28]

연변인민출판사는 한국과 중국간의 문화교류를 촉진하는데 역할을 담당하고 있다. 연변인민출판사는 2010년 서울국제도서전에 참가하여 한국 '베이비아카데미'출판사와 합작하여 한국의 유아지력개발총서를 중국어로 번역 출판하여 북경 등 대도시에서 판매하고 있다. 한국의 집문당출판사와 합작하여 중국의 '대중화 문고' 11종 21권 총 1,500세트를 한국어로 번역하여 출판 판매하는 한중문화의 교류와 발전에 기여하고 있다. 그러나 최근 조선문 도서품종의 급격한 하락으로 조선족 독자들의 '도서난' 문제가 점점 악화되고 있다. 예컨대, 연변지역의 한족학생들이 읽을 수 있는 도서자료와 조선족학생들이 읽을 수 있는 도서자료의 비율은 10여년 전에 20대 1이었는데, 현재는 60대 1로 크게 증가했다. 이는 곧 조선족학생들의 학력과 연결되는 문제이다. 연변자치 주도인 연길시의 신화서점에는 한문도서가 6만여종, 한국도서가 500여종, 조선문도서가 100여종이 있는 것으로 나타났다.[29]

---

27 연변인민출판사는 정치, 경제, 과학기술, 문학, 예술, 법률, 력사, 의약위생, 문화교육 등 분야의 도서 8,000여종을 출판했는데 그중 6000여종이 조선문도서이다. 재외동포신문, 2003.05.05.

28 연변인민출판사 홈페이지, http://ybcps.com/HTML/CBSJS.aspx(검색일: 2016.12.23)

29 재외동포신문, 2003.05.05.

3) 문화예술 단체

연변조선족사회는 중국의 소수민족정책과 민족문화예술 방침이 뒷받침되면서 자치주의 민족문화예술이 지속적으로 발전하고 있다. 연변주는 1994년에 '전국문화모범자치주'로 명명되기도 했다. 연변지역에는 전문적인 문화예술단체와 대중적인 문화예술단체 등이 설립되어 운영되고 있다.

(1) 전문 예술 단체

전문적 문화예술단체로는 연변 가무단, 연변 연극단, 연변 구연단, 연변 경극단, 연변대학 예술학원 등이 있다. 연변가무단은 중국조선족 최초의 전문 예술 공연 단체로써, 1946년 3월 길동 보안군 정치부 선전대로 창단되었다가 1953년 연변 가무단으로 개칭되었다. 연변 가무단은 조선족의 민족전통예술을 계승, 발전키고 연구하는 유일한 지구급 가무예술 공연단체이다.

표 3.17 연변조선족의 전문 예술단체 현황

단체명	주요 내용
연변 가무단	■ 연혁: 1946년 길동 보안군 정치부 선전대로 창단, 1948년 문공단으로 개칭, 1953년 연변 가무단으로 개칭 ■ 단원: 200여 명 ■ 발표작품: 무용(120작품), 음악(290곡), 기악(100곡) ■ 주요 공연 경력: 중국 문화부 및 기타 각부 초청으로 북경 공연 20회, 외국 원수 및 친선 사절 공연 80회 ■ 수상 경력: 1950년대 - '물동이춤' 제5차 세계청년축전 1등상, 1960년대 - 합창곡 '장백의 노래', 독창곡 '처녀의 노래' 제6차 세계청년축전 은메달, 1970~80년대 - 가야금 병창 '아, 장백산, 우리의 자랑', 북병창 '꽃피는 우리 살림', 무용 '농악무', 가야금 독주곡 '심청전' 국가급 상 수상, 1990년대 - 바이올린협주곡 '장백의 넋', 교향곡 '신비로운 장백산' 등 국가급 상 수상, 2000년대 - 대형 가무극 '춘향전', '장백의 정', 대형가극 '아리랑' 국가 문화부 문화대상 수상

단체명	주요 내용
연변 연극단	■ 연혁: 1956년 창단 ■ 단원: 100여 명 ■ 발표 작품: 150여 작품(창작대본 60여 작품) ■ 주요 공연 경력: 농민을 위한 농촌 공연 ■ 수상 경력: '춘향전' 1956년 전국 제1회 연극경연대회 1등상, 풍자 희극 '털 없는 개', 화극 '백설화'는 1990년대에 국가 문화부 문화 새 작품상 수상
연변 구연단	■ 연혁: 1979년 창단 ■ 단원: 30여 명 ■ 발표 작품: '연변고서', '삼노인', '연변명창', '만담', '재담' 등 창작 및 공연
연변 경극단	■ 연혁: 1953년 연변 평극단으로 창단, 1958년 연변 희곡 극원으로 증편, 1968년 연변 경극단으로 개칭 ■ 단원: 100여 명 ■ 발표 작품: 100여 작품 ■ 수상 경력: '오레이이란' 1978년 길림성 연극경연대회 창작상 및 공연 1등상 수상
연변대학 예술 학원	■ 연혁: 1957년 연변 예술 학교로 설립(중국에서 가장 일찍 설립된 3개 민족 예술 학교 가운데 하나), 1978년 길림 예술 학원 연변 분원으로 승격, 1996년 연변의 기타 4개소 고등학교와 합병해 연변대학의 예술 학원이 됨. ■ 개설 학과: 음악, 음악교육, 미술, 미술교육, 연극, 무용 ■ 교직원: 300여 명 ■ 인재양성: 개교 이래 총 4,000여 명의 예술인 양성

출처: 김숙련 · 김영림, 『자랑스러운 조선민족의 자치주: 중국 연변』(파주: 김영사, 2005), pp. 104-108의 자료를 정리함.

(2) 대중 문화예술 단체

연변조선족사회에서 대중적인 문화예술단체는 1950년 1월, 중공연변지위 선전부장인 최채동에 의해 연변문예연구회가 결성되었다. 이후 1953년 7월에 연변문학예술계연합회가 창립되었다. 연변문학예술계연합회는 기관지인 '연변문예', '장백산' 조문판 월간을 출판하였으며, 이를 통해 조선족의 문학, 음악, 무용, 연극, 미술, 사진 등을 싣기 시작했다. 1959년 3월에 연변문학예술계연합회 산하에 음악가협회, 무용가협회, 희극가협회, 미술가협회, 촬영가협회, 민간문학가협회, 구연가협회, 서예가협회 등을 설립했다. 특히 1949년 5월부터 1951년에 연길, 도문, 용정, 화룡, 안도, 훈춘, 왕청 등지에 문화관을 건설하여 조선족 대중문화 사업의 기반을 구축했다. 1960년 7월에 연변군중예술관이 성립되어 '새이야기', '무지개', '해란강' 등 군중 문화예술 보도간물을 출간하였고, 여러 가지 대중문화 보급 사업을 추진하면서 연변주 조선족문화관의 중추적 역할을 담당했다.[30]

4) 부문별 단체

과거 조선족사회는 동북3성의 농촌지역을 중심으로 집거지를 형성하였다면, 개혁개방과 한중수교 이후 조선족들이 중국내 대도시 및 해외 이주가 본격화되면서 탈농촌화가 진행되고 있다. 조선족들은 새로운 지역에 안정적으로 적응, 정착하기 위해 다양한 유형의 단체를 조직하여 활용하고 있다.

(1) 조선족노인협회

연변조선족사회에서는 8월 15일을 노인절이라고 규정하여 명절날이다. 노인절 제정 배경을 살펴보면 다음과 같다. 1982년 8월 15일, 용정시 동성용진에서 8.15 동북해방경축모임을 가졌는데, 일부 노인들이 8월 15일을 연변의 노인절로 할 것을 제안하였다. 8월 중순은 입추절기에 접어들어 날씨가 너무 덥지도 않고 장마철도 지나고 시원한 바람이 불기 시작하여 노인들이 경축활동을 벌이기에 매우 적합하며, 8월 15일은 동북지역이 해방된 기념일이므로 이날을 노인절로 선택한 것이다. 1984년 중공연변주위와 주정부에서 8월 15일을 연변조선족자치주의 노인절로 할 것을 정식으로 결정한 이후 연변지역의 도시와 농촌을 막론하고 다양한 형식으로 경축활동을 벌인다. 연길시에서는 노인절이 돌아오면 찰떡, 김밥 같

---

30 http://www.ckywf.com/blog/read/f_jinxikuan/136547/0/0(검색일: 2016.12.23)

은 음식을 장만하여 부모님을 모시고 공원놀이를 간다. 각 가두의 노인들은 각기 부동한 문예오락프로를 준비하여 놀이터에서 공연을 하기도 하고 여러 가지 유희를 벌이기도 한다.[31]

연변조선족자치주의 노인절 제정 이후, 연변을 포함한 동북3성 지역에서는 '조선족노인협회'가 건립되었으며, 중국의 대도시지역 – 북경, 광동, 상해, 산동, 청도 등 – 에서도 조선족노인협회가 설립되어 운영되고 있다. 이와 같이 조선족노인협회는 중국조선족의 단체 중에서 거의 모든 지역에 설립되어 있으며, 활발히 운영되고 있다.

2009년의 통계에 따르면, 현재 조선족집거중심인 연변에는 농촌의 촌급, 도시의 사회구역 및 기업단위들에 이르기까지 도합 1,663개의 '노인협회'가 있으며 전국적으로는 2,000개 이상이 된다. 각 지역의 노인협회는 각종 문예활동팀과 노인체육활동협회 및 노인들의 개성에 맞는 다양한 활동팀을 조직하여 운영하고 있다. 그 중에서 30명 좌우의 단원규모와 구전한 공연장비를 갖춘 반직업적인 노인문예공연단만 해도 '아리랑노인예술단', '꽃노을노인예술단', '불로송노인예술단', '해란강노인예술단' 등 13개의 공연단체가 있으며, 해마다 국가급 노인문예콩클, 전국순회공연, 출국교류공연 등 다양한 방식으로 활발한 공연활동들을 벌여나가고 있다.[32]

〈표 3.18〉에서 보는 바와 같이, 오늘날 조선족노인협회를 포함하여 노인관련 시설은 전국적으로 설립되어 있으며, 중국조선족 민간단체 중 가장 방대한 조직을 가지고 있다. 그런 점에서 조선족노인협회는 조선족사회의 네트워크 형성에 있어서 중추적인 역할을 하고 있으며, 특히 조선족단체가 설립되지 못한 지역에서 노인협회가 조선족사회의 구심점이 되고 있다.[33]

---

31 천수산, 『중국 조선족 풍속』 민족출판사, p. 314.

32 한룡길, "조선민족의 전통미덕을 토대로 한 '연변조선족자치주노인절', 『비교민속학』 47집, 2012, p. 253.

33 우영란, 『중국의 한겨레: 한국인, 조선족』 한국학술정보, 2008, pp. 172-174.

표 3.18 연변조선족자치주 노인활동 및 복지시설 현황

항목	현황	항목	현황
노인협회	1,663	노인활동실	1,434
문예활동팀	1,231	노인문구장	1,052
체육활동협회	1,237	경로원	36
노인대학	14	노인복지원	80
노인학교	1,061	노인병문진부28	28

출처: 한룡길(2012), p. 254

(2) 조선족기업가협회

조선족기업가협회는 조선족기업의 권익향상을 촉진하고 조선족 경제 발전을 이룩하여 중국주류사회에 진출하는데 든든한 버팀목의 역할을 하고 있다. 조선족기업가협회는 2007년 4월 요녕성 심양에서 제1회 중국조선족기업가경제교류대회를 개최하면서 결성되었다. 2007년 결성 당시 동북 3성 지역에서 활동하고 있는 기업가들이 중심이 되었는데, 동북 3성에 4–5개 지회와 회원 수 300~400여 명에 불과했다. 이후 베이징, 다롄, 옌볜, 광둥, 쑤저우, 상하이, 칭다오 등 중국 전역에 32개 지회를 결성하는 등 급속하게 성장하고 있다. 조선족기업가협회의 주요 목적은 '조선족경제단체간의 합작과 교류 촉진,' '조선족 차세대미래선도자 네트워크 구성 및 상호발전 도모,' '지역사회 조선족차세대의 발굴' 새로운 시기 민족사회 발전을 도모하는 대책 연구' 등이다.[34]

연변조선족기업가협회는 연변조선족 기업가들의 교류와 소통 증진을 위해 2011년 5월 10일에 설립되었다. 연변조선족기업가협회는 조선족 민족경제와 연변지역 경제발전을 촉진하고, 정부와 기업가들간의 관계 강화

---

34 동북아신문, 2016.06.14.

를 위한 교량역할을 하고 있다.[35] 연변조선족기업가협회는 조선족 기업가들의 역량강활를 위해 '기업브랜드전략전문가특강', '노동법', '경제계약법', '상표법', '중한FTA'등을 학습하고 경영양성반을 조직, 운영하고 있다. 아울러 한국에서 매년 개최하고 있는 세계한상대회에 참가하고 있으며, 광역두만강개발계획(GTI) 국제무역투자박람회, 조선라선국제상품교역회 등에도 참가해 국내외 경제인들과 교류를 증진하고 비즈니스 협력을 가속화하고 있다.[36]

또한 연변조선족기업가협회는 한국의 법무부 산하 동포교육지원단과 업무협력을 위해 2013년 11월 28일에 MOU를 체결한바 있다. 양 기관은 현지의 조선족 또는 한국거주 조선족들에게 취업 및 창업을 할 수 있도록 도와주며, 기업가협회 회원 및 지원단 회원 간 인적네트워크를 활용하여 양국 및 조선족 공동체 발전에 필요한 각종 행사와 사업에 협력하기로 했다.[37]

연변조선족기업가협회 이외에도 연변(연길)무역협회, 연변조선족전통음식협회, 연변외상투자기업협회, 연변과학기술대학AMP총동문회, 연변대학여성평생교육총동문회, 연변조선족청년경영자연의회 등 연변조선족 경제사회단체들이 설립, 운영되고 있다. 이 단체들은 각 단체와 회원들의 공동발전을 도모하는 공동모임 행사를 개최하여 협회간의 교류를 활성화시키고 있을 뿐만 아니라 연변의 경제건설과 사회발전을 위해 적극적으로 활동하고 있다.[38]

세계해외한인무역협회(World-OKTA) 연길지회는 2007년에 설립되었다. 연길지회는 경제무역세미나, 차세대 무역스쿨, 한중경제포럼 등 다양

---

35 재외동포신문, 2011.05.12.

36 길림신문, 2015.12.16.

37 해란강, 2013.12.03

38 길림신문, 2016.01.30.

한 교류사업을 진행하고 있으며, 이를 통해 조선족사회의 위상과 경제력을 제고하는데 적극적인 역할을 수행하고 있다. 최근에는 한중교류 및 글로벌 경제교류를 활성화시키고, 차세대 무역스쿨을 통해 연변지역의 경제발전을 위한 글로벌 통상 무역인재를 양성하는데 집중하고 있다.

요컨대, 중국조선족사회는 개혁개방, 도시화, 한중수교, 글로벌이주 등으로 전통적인 농촌공동체에서 글로벌 공동체를 형성하여 현지에서 안정적인 정착과 적응을 위해 노력하고 있다.

제4장
재일한인의 현지적응과 정착기제

재일한인은 직접적인 식민지배 경험뿐만 아니라 해방 이후 일본사회의 수많은 차별과 억압, 그리고 동화내지 귀화의 압력 속에서 살아왔으며, 한편으로는 자신의 정체성을 지키기 위해 다양한 사회정착기제를 확보해나갔다.

1. 일본의 외국인정책과 재일한인

일본은 오랫동안 단일민족국가관을 유지해왔던 탓에 외국인에 대해서는 차별적이고 배제적인 태도 및 정책을 추구해왔다. 한마디로 요약하면, 일본의 외국인 정책은 가능하면 외국인의 정주화를 허락하지 않는다는 것이다. 그런데 2000년대 중반 이후부터 일본의 외국인 등록자 수가 점차 늘어나고 있을 뿐만 아니라 장기체류하고 정주하는 경향이 증가하고 있다. 그 결과, 일본사회에서 '외국인=일시적 존재'라는 인식에서 탈피하여 외국인도 지역주민이라는 관점을 갖게 되면서 '다문화 공생' 프로그램을 추진하고 있다.[1]

현재 일본에 살고 있는 외국인은 식민통치에 따라 이주해 온 재일한인을 포함하여 외국인 노동자, 외국인 유학생, 국제결혼 한 외국인 배우자 등 다양하게 구성되어 있다. 이에 따라 일본의 외국인정책은 외국인 배제와 차별에서부터 다문화 공생에 이르기까지 점진적으로 변화하는 양상을 보이고 있다. 이러한 일본의 외국인정책의 흐름을 요약하면 다음 〈표 4.1〉과 같다.

---

1 정미애, "일본의 외국인 정책과 다문화 공생정책의 간극," 『의정논총』 제5권 제2호(2010), p.301.

표 4.1 1950년대 이후 일본의 외국인정책 동향

연도	외국인정책의 주요 내용
1950년	외무성 출입국관리청 설치
1951년	샌프란시스코 평화조약 체결, 출입국 관리령(입국관리령) 제정
1965년	한일 국교 정상화
1972년	중일 국교 정상화
1975년	가나가와 현 독자적 국제 교류 촉진(민제교류라고 지칭)
1979년	국제인권규약 비준
1980년	중국 귀국자 수용, 인도차이나 난민 수용: 외국인 배우자 증가
1981년	난민조약 가입, 출입국 관리 및 난민 인정법(입국관리법)제정 (1982년 시행: 기능 연수생 제도), 중국 잔류 일본인 조사 시작
1983년	유학생 수용 10만 명 계획
1984년	취학 비자 수속 간소화(아르바이트 인정)
1985년	플라자 합의
1987년	지방자치단체, 지방공공단체 국제 교류 지침 시달
1988년	국제교류협회(전국 및 지부) 설치
1989년	입국관리법 개정(1990년 시행), 일계인에게 체류 자격 부여, 외국인 연수제도 확충
1990년	일계인과 그 가족에게 '일본인의 배우자 등'에 해당되지 않는 경우에도 '정주자'라는 취업 가능 체류자격, 일계인 유입 급증: 외국인 연수생 증가: 지방자치단체들 내향적 국제화 촉진
1993년	외국인 기능실습제도 도입: 연수 1년, 기능 실습 1년
1995년	일본 한신아와지(阪神淡路) 대지진 후 시민단체활동에서 '다문화 공생' 개념 등장
1999년	입국관리법 개정(2000년 시행)
2000년	다문화 공생 정책으로의 전환
2000년	법무성 '제2차 입국관리 기본 계획' 수립
2001년	외국인집주도시회의 발족
2002년	오사카 시 국제화 추진 기본 지침 마련
2003년	경제단체연합회 '다문화 공생청' 설립 제언: 유학생 수용 10만 명 달성 법무성 추정 약 25만 명 '비정규체류자' 5년간 반감 방침 선언
2004년	입국관리법 일부 개정: 불법 체류자 벌금 인상, 상륙 거부 기간 변경, 출국 명령제도 및 재류 자격 심사 제도 신설 등

연도	외국인정책의 주요 내용
2005년	가와사키 시 다문화 공생 사회 추진 지침 책정: 총무성 다문화 공생의 추진에 관한 연구회 결성
2006년	총무성, 다문화 공생 추진 프로그램 발표: 입국관리법 개정(2007년 시행, 외국인에게 전자방식 개인 식별 정보 의무화)
2009년	입국관리법 개정(외국인등록제 폐지, 외국인에게도 주민대장법 적용): 새로운 재류관리 제도 도입, 특별 영주자 관련 조치, 외국인 연수제도 재검토, 재류자격 및 유학 및 취학의 일원화 등
2010년	연수기능제도 개정(입국 후 2개월부터 노동관계법령 적용, 부당 알선 외국인 강제 퇴거

출처: 임영언 · 임온규, "일본의 이민정책과 일계인의 모국귀환정책 연구: 재외방인 우수인재 유치 정책을 중심으로," 『日語日文學』 제63집(2014), p. 288.

일본의 외국인정책, 특히 재일한인에 대한 문제는 전후시기 외국인정책의 핵심이었다. 전후시기 일본에 거주하고 있는 재일한인의 대부분은 식민지 조선에서 본인의 의사와는 상관없이 일본의 전쟁수행 목적을 위해 강제로 동원되었다. 1952년 4월 28일에 샌프란시스코 강화 조약이 발효되자 일본은 재일한인의 일본 국적을 박탈하였고, 결과적으로 재일한인들은 외국인이라는 지위를 갖게 되었다.[2]

재일한인의 법적지위가 결정된 것은 1965년 한일기본조약 체결 이후부터이다. 1966년 발효된 '한일법적지위협정'에 따라 1945년 8월 15일 이전부터 일본에 거주하는 자 및 전자의 직계비속으로 1971년 1월 16일 이전에 출생한 자, 즉 1세와 2세는 영주자격인 '협정영주'를 취득하게 되었다. 그러나 협정영주 자격 취득은 당시 한국 국적을 가지고 있는 사람들에게만 적용되었다. 이 조건을 충족시키지 못했던 조선적의 재일한인은 1982년 특별영주 허가제도가 시행된 이후부터 영주권을 인정받았다. 이후 1991년 1월 10일 한일 양국의 외무장관 사이에서 조인된 '한일법적지위협정에 기반하는 협의에 관한 각서'를 바탕으로 '입관특례법'이 제정됨

---

2 고모다 마유미, "일본의 다문화 공생은 가능한가," 『민족연구』 제30호(2007), p. 55.

으로써 국적이탈자 및 그 자손에게 '특별영주자' 자격이 부여되어 3세 이하의 재일한인의 법적지위도 보장되었다.[3] 이로써 일본에 거주하고 있는 올드커머 재일한인의 법적지위가 일원화되었다.[4]

2. 재일한인의 사회적응 및 차별, 삶의 만족도

1) 재일한인의 현지 사회적응

(1) 지역사회 주민과의 교류

지역사회의 주류 구성원과의 접촉과 교류는 이주민이 현지사회의 생활문화와 가치를 학습할 기회를 가질 수 있다는 점에서 현지 사회적응의 중요한 요인이 된다. 이러한 맥락에서 재일한인의 지역사회 주민과의 교류 현황을 살펴보면 〈표 4.2〉와 같다. 재일한인들은 전반적으로 지역 주민과의 접촉 및 교류 활동이 활발히 이루어지지 않은 것으로 나타났다. 구체적으로 척도별 결과를 보면, "지역사람들과 오락, 취미생활, 쇼핑 등 여가활동을 함께 한다"라는 척도는 절반에 가까운 사람들이 부정적인 의견을 나타냈다. "이웃을 초대하여 식사를 함께 한다"라는 척도에서는 99명(70.2%)이 부정적인 의견을 나타낸 반면, 긍정적인 답변을 한 사람은 10명에 불과하다. "지역사람들과 어려울 때 서로 도움을 주고받고 있다"라는 척도에서는 82명(58.2%)이 부정적 답변을 하였으며, 긍정적 답변을 한 사람은 12명이다. "지역사람들과 경조사가 생기면 서로 축하나 위로를 해 준다"라는 척도에서는 다른 척도에 비해 부정적인 답변(58명, 41.1%)을 한 사람

3 고모다 마유미, "'외국인 노동력'에서 '함께 살아가는 주민'으로의 인식전환," 『민족연구』 제34호(2008), p.36.

4 유혁수, "재일동포의 법적 지위 및 사회적 위상: 1991년 합의각서 이후를 중심으로," 『일본비평』 12호(2015), p.74.

표 4.2 지역사회 주민과의 교류(N=141)

변인 \ 5점 척도	전혀 그렇지 않다	그렇지 않다	보통이다	그런 편이다	매우 그렇다
지역사람들과 오락, 취미생활, 쇼핑 등 여가활동을 함께 한다.	34 24.1	37 26.2	51 36.2	14 9.9	5 3.5
이웃을 초대하여 식사를 함께 한다.	44 31.2	55 39.0	32 22.7	7 5.0	3 2.1
지역사람들과 어려울 때 서로 도움을 주고받고 있다.	27 19.1	55 39.0	47 33.3	9 6.4	3 2.1
지역사람들과 경조사가 생기면 서로 축하나 위로를 해 준다.	34 24.1	24 17.0	57 40.4	22 15.6	4 2.8

이 적었으며, 긍정적인 답변을 한 사람은 26명(18.4%)이었다. 이러한 결과는 재일한인이 지역사회 주민과의 상호작용 관계를 맺으면서 지역사회의 주체적인 구성원으로서의 역할을 다하는데 아직까지는 한계가 있음을 알 수 있다.

(2) 지역사회의 참여

지역사회 주최의 커뮤니티 활동 프로그램이나 지역봉사활동을 통한 지역사회의 적극적인 참여와 활동 여부도 매우 중요한 요인이다. 이주민이 이러한 지역사회 활동에 참여하는 것은 적응에 필요한 자원 및 지지를 획득하는데 매우 유용한 기회이다. 재일한인들은 지역봉사활동이나 취업, 창업 등의 프로그램 참여에 소극적인 반면에, 자녀들의 교육과 관련한 활동에는 상대적으로 적극성을 보이고 있다. 구체적으로 척도별 양상을 보면, "취업이나 창업을 위해 실시되는 교육과 활동에 빠짐없이 참여한다"라는 척도에서는 전체의 72명(51.1%)이 부정적인 답변을 하였으며, 긍정적인 답변은 32명(22.7%)이었다. "자녀교육과 관련된 행사 및 모임에 빠짐없이 참여한다"라는 척도에서는 다른 적응 척도와는 달리 긍정적인 답변

표 4.3 지역사회의 참여(N=141)

변인 \ 5점 척도	전혀 그렇지 않다	그렇지 않다	보통 이다	그런 편이다	매우 그렇다
취업이나 창업을 위해 실시되는 교육과 활동에 빠짐없이 참여한다.	34 24.1	38 27.0	37 26.2	28 19.9	4 2.8
자녀교육과 관련된 행사 및 모임에 빠짐없이 참여한다.	45 31.9	11 7.8	36 25.5	37 26.2	12 8.5
자격증 취득이나 학력을 높이기 위한 활동에 적극적으로 참여하고 있다.	26 18.4	40 28.4	48 34.0	23 16.3	4 2.8
지역봉사활동에 정기적으로 참여하고 있다.	39 27.7	54 38.3	29 20.6	16 11.3	3 2.1

을 한 사람이 49명(34.7%)에 이르렀으며, 부정적인 답변을 한 사람은 56명(39.7%)이었다. "자격증 취득이나 학력을 높이기 위한 활동에 적극적으로 참여하고 있다"라는 척도에서는 부정적인 답변을 한 사람이 66명(46.8%)이었으며, 긍정적인 답변을 한 사람은 27명(19.1%) 이었다. "지역봉사활동에 정기적으로 참여하고 있다"라는 척도에서는 부정적인 답변을 한 사람이 전체의 93명(66.0%)이었으며, 긍정적인 답변을 한 사람을 19명(13.4%)에 불과하다. 이러한 결과에서 우리가 유추해 볼 수 있는 것은 재일한인의 자녀의 교육에 대한 정성이 아주 높다는 것이다. 이러한 사실은 조선족이나 고려인의 경우에서도 발견되는 바 한민족 디아스포라의 공통성이라 할 수 있다.

(3) 지역사회의 소속감

이주민이 같은 지역에 거주하고 있는 이웃 또는 지역주민들과 유대의식을 가지면서 지역사회에서 소외되지 않고 한 구성원으로서 역할을 다하는지에 대한 평가도 중요한 요인이다.[5] 구체적인 척도별 양상을 보면,

5 홍봉선 · 아영아 · 우은정(2012), p. 50.

"지역사람들은 나를 지역주민으로 인정하고 있는 것 같다"라는 척도에서는 "보통이다"고 답변 한 사람이 전체의 87명(61.7%)으로 가장 많았으며, 부정적인 답변을 한 사람은 32명(22.7%), 긍정적인 답변을 한 사람은 22명(15.6%)이었다. "지역사람들은 나를 인격적으로 존중해준다"라는 척도에서는 "보통이다"고 답변한 사람이 전체의 93명(66.0%)로 가장 많았고, 긍정적으로 답변한 사람이 28명(19.9%), 부정적으로 답변한 사람은 20명(14.2%)이었다. "지역의 문제에 대해 관심을 가지고 있다"라는 척도에서는 "보통이다"가 69명(48.9%)으로 가장 많았고, 부정적 답변이 51명(29.0%), 긍정적 답변이 31명(21.9%)이었다. "내가 살고 있는 지역에서 계속 살고 싶다"라는 척도에서는 긍정적인 답변을 한 사람이 전체의 59명(41.9%)으로 가장 많았으며, "보통이다"가 55명(39.0%), 부정적 답변을 한 사람이 27명(19.2%)이었다. 이러한 결과에서 볼 때, 재일한인은 그동안 익숙했던 지역사회의 생활을 떠나 새로운 지역사회에서 적응해야 하는 것이 매우 힘들다는 것을 잘 알고 있기에 가능하다면 현 거주지에서 계속 살고 싶은 높은 정주의식을 보인다는 것을 알 수 있다.

표 4.4 지역사회의 소속감(N=141)

5점 척도 / 변인	전혀 그렇지 않다	그렇지 않다	보통이다	그런 편이다	매우 그렇다
지역사람들은 나를 지역주민으로 인정하고 있는 것 같다.	9 6.4	23 16.3	87 61.7	16 11.3	6 4.3
지역사람들은 나를 인격적으로 존중해 준다.	8 5.7	12 8.5	93 66.0	20 14.2	8 5.7
지역의 문제에 대해 관심을 가지고 있다.	14 9.9	37 19.1	69 48.9	27 19.1	4 2.8
내가 살고 있는 지역에서 계속 살고 싶다.	6 4.3	21 14.9	55 39.0	42 29.8	17 12.1

(4) 지역사회의 환경 인지 및 시설 이용

이주민들은 정착한 곳에서 새롭게 주어진 주변 환경적 요소들에 적응하면서 살아가게 된다. 이러한 지역사회의 환경적 요소들은 주거시설, 소비 및 여가시설, 의료시설 등이 해당된다. 재일한인들의 지역사회의 환경인지 및 시설 이용 양상을 보면, "내가 살고 있는 지역의 지리를 잘 알고 있다"라는 척도에서는 전체의 110명(78.0%)이 긍정적인 답변을 한 반면, 부정적 답변은 5명(3.5%)에 불과하다. "내가 사는 지역의 버스 및 지하철 노선을 잘 알고 있다"라는 척도에서는 전체의 113명(80.2%)이 긍정적인 답변을 하였으며, 3명(2.1%)만이 부정적인 답변을 하였다. "내가 사는 지역의 시장, 마트, 백화점 위치를 잘 알고 있다"라는 척도에서는 전체의 117명(83.0%)이 긍정적인 답변을 한 반면, 부정적 답변은 1명(0.7%)에 불과하다. "내가 사는 지역의 병원, 보건소 등을 혼자서 이용할 수 있다"라는 척도에서는 전체의 125명(88.6%)가 긍정적인 답변을 하였으며, 부정적 답변은 1명(0.7%)에 불과하다. 이러한 사실에서 우리가 유추해 볼 수 있는 것은 재일한인들은 지역사회에 안정적으로 적응하고 구성원으로서의 역할을 다하기 위해 지역사회의 주요 시설들을 잘 인지하고 있다는 것이다.

표 4.5 지역사회의 환경 인지 및 시설 이용(N=141)

5점 척도 / 변인	전혀 그렇지 않다	그렇지 않다	보통이다	그런 편이다	매우 그렇다
내가 살고 있는 지역의 지리를 잘 알고 있다.	1 0.7	4 2.8	26 18.4	47 33.3	63 44.7
내가 사는 지역의 버스 및 지하철 노선을 잘 알고 있다.	-	3 2.1	25 17.7	41 29.1	72 51.1
내가 사는 지역의 시장, 마트, 백화점 위치를 잘 알고 있다.	1 0.7	-	23 16.3	50 35.5	67 47.5
내가 사는 지역의 병원, 보건소 등을 혼자서 이용할 수 있다.	-	1 0.7	15 10.6	27 19.1	98 69.5

(5) 언어 소통 능력

이주민의 지역사회 적응과 관련하여 가장 필수적인 요소는 아마도 현지사회의 언어 능력일 것이다. 즉 언어는 현지사회의 구성원들과의 의사소통의 필수요소이며, 거주국의 문화를 수용하는데 필요한 기본 요소이다. 언어 능력이 떨어지게 되면 거주국사회의 새로운 문화와 가치 습득, 그리고 지역주민과의 관계 형성에 장애가 되면서 지역사회의 주변인이 될 것이며, 일상생활 전면에서 많은 어려움을 겪게 된다. 재일한인의 언어 소통 능력의 결과를 보면, 〈표 4.6〉에서 보는 바와 같이 4문항 모두에서 매우 높은 것으로 나타났다.

표 4.6 언어 소통 능력(N=141)

변인 \ 5점 척도	전혀 그렇지 않다	그렇지 않다	보통이다	그런 편이다	매우 그렇다
내가 말하고 싶은 것을 일본어로 전달할 수 있다.	1 0.7	1 0.7	13 9.2	23 16.3	103 73.0
TV 드라마의 내용을 일본어로 설명할 수 있다.	1 0.7	-	16 11.3	20 14.2	104 73.8
행정서류에 필요한 내용을 일본어로 적을 수 있다.	1 0.7	-	21 14.9	23 16.3	95 67.4
문자나 메일을 일본어로 보낼 수 있다.	1 0.7	-	13 9.2	25 17.7	102 72.3

(6) 통합 정체성

통합 정체성은 이주민이 거주국으로의 일방적인 동화할 것을 강요하기 보다는 모국의 문화를 유지하고 새로운 거주국의 문화를 수용하면서 지역사회의 적응력을 높이는 요인이다. 재일한인들의 통합 정체성에 관한 결과를 보면, "내가 일본문화를 배우듯 한국의 문화를 알리는 것도 중요하다고 생각한다"라는 척도에서는 전체의 103명(73.0%)이 긍정적인 답

표 4.7 통합 정체성(N=141)

변인 \ 5점 척도	전혀 그렇지 않다	그렇지 않다	보통이다	그런 편이다	매우 그렇다
내가 일본문화를 배우듯 한국의 문화를 알리는 것도 중요하다고 생각한다.	-	2 1.4	36 25.5	56 39.7	47 33.3
두 나라 문화의 장점을 모두 살리면서 생활하고 있다.	5 3.5	6 4.3	45 31.9	55 39.0	30 21.3
두 나라의 문화를 연결하기 위해 노력하고 있다.	6 4.3	22 15.6	56 39.7	29 20.6	28 19.9

변을 하였으며, "보통이다"가 36명(25.5%), 부정적인 답변은 2명(1.4)이었다. "두 나라 문화의 장점을 모두 살리면서 생활하고 있다"라는 척도에서는 전체의 85명(60.3%)가 긍정적인 답변을 하였으며, "보통이다"가 45명(31.9%), 부정적인 답변은 11명(7.8%)이었다. "두 나라의 문화를 연결하기 위해 노력하고 있다"라는 척도에서는 전체의 57명(40.5%)이 긍정적인 답변을 하였으며, "보통이다"가 56명(39.7%), 부정적인 답변이 28명(19.9%)이었다. 요컨대, 재일한인은 일본문화의 수용뿐만 아니라 모국의 문화를 현지사회에 전파하는 것에 긍정적인 태도를 가지고 있는 반면, 모국과 거주국간의 문화 교류에는 소극적인 것으로 나타났다.

(7) 문화적 유연성

이주민의 지역사회의 문화에 대한 지식과 수용은 지역사회 적응의 요인에서 중요한 부분이다. 재일한인의 이문화 수용성과 자문화 개방성의 측면을 보면, 지역사회의 문화와 생활풍습 등을 익히고 받아들이는 것에 긍정적인 태도를 취하고 있는 것으로 나타났다. 구체적인 결과를 살펴보면, "일본 사람들과 진정한 친구가 될 수 있다고 생각한다"라는 척도에서는 전체의 77명(54.7%)가 긍정적인 답변을 하였으며, "보통이다"가 50명

(35.5%), 부정적인 답변은 14명(9.9%)이었다. "한국에 대해 잘못된 정보를 가진 사람에게 제대로 알려주려고 노력한다"라는 척도에서는 전체의 72명(51.0%)가 긍정적인 답변을 하였으며, "보통이다"가 50명(355%), 부정적인 답변은 19명(13.4%)이었다. "두 나라의 문화적 차이를 비판하기보다는 이해하려는 태도가 중요하다고 생각한다"라는 척도에서는 전체의 101명(71.6%)가 긍정적인 답변을 하였으며, "보통이다"가 37명(26.2%), 부정적인 답변이 3명(2.1%)이었다. "내가 살고 있는 곳의 문화를 받아들이는 것은 당연하다고 생각한다"라는 척도에서는 전체의 102명(72.4%)가 긍정적인 답변을 하였으며, "보통이다"가 35명(24.8%), 부정적인 답변은 4명(2.8%)이었다. "내가 사는 지역의 생활풍습이나 생활양식에 익숙해져야 한다고 생각한다"라는 척도에서는 전체의 103명(73.0%)가 긍정적인 답변을 하였으며, "보통이다"가 36명(25.5%), 부정적인 답변은 2명(1.4%)이었다.

표 4.8 문화적 유연성(N=141)

변인 \ 5점 척도	전혀 그렇지 않다	그렇지 않다	보통이다	그런 편이다	매우 그렇다
일본 사람들과 진정한 친구가 될 수 있다고 생각한다.	2 1.4	12 8.5	50 35.5	49 34.8	28 19.9
한국에 대해 잘못된 정보를 가진 사람에게 제대로 알려주려고 노력한다.	3 2.1	16 11.3	50 35.5	48 34.0	24 17.0
두 나라의 문화적 차이를 비판하기보다는 이해하려는 태도가 중요하다고 생각한다.	1 0.7	2 1.4	37 26.2	64 45.4	37 26.2
내가 살고 있는 곳의 문화를 받아들이는 것은 당연하다고 생각한다.	-	4 2.8	35 24.8	73 51.8	29 20.6
내가 사는 지역의 생활풍습이나 생활양식에 익숙해져야 한다고 생각한다.	1 0.7	1 0.7	36 25.5	76 53.9	27 19.1

(8) 사회적 도움 및 지지

이주민의 입장에서 새로운 정착지에 자신을 이해하고 도울 수 있는 사람이 존재한다는 것은 문화변용 스트레스를 감소시키고 안정적인 적응에 큰 힘이 된다. 재일한인의 사회적 도움 및 지지에 관한 결과를 살펴보면, 가족 또는 친척의 도움 및 지지가 가장 높게 나타났으며, 그 다음으로 친구 또는 이웃의 지지, 사회복지시설 및 시민단체 등의 순으로 나타났다. 이러한 사실로부터 우리가 알 수 있는 것은 재일한인들은 가족, 친척, 친구 등 비공식적 체제의 도움과 지지를 받고 있다는 것이다.

표 4.9 재일한인의 사회적 도움 및 지지(N=141)

변인 \ 5점 척도	전혀 그렇지 않다	그렇지 않다	보통이다	그런 편이다	매우 그렇다
가족 또는 친척들은 내가 일본사회에 적응하는데 많은 도움을 준다.	4 2.8	11 7.8	53 37.6	51 36.2	22 15.6
가족 또는 친척들은 항상 나의 일에 관심을 갖고 걱정해준다.	1 0.7	4 2.8	51 36.2	60 42.6	25 17.7
가족 또는 친척들은 내가 필요로 하면 아무리 큰돈이라도 마련해준다.	5 3.5	24 17.0	55 39.0	39 27.7	18 12.8
가족 또는 친척들은 무슨 일이건 대가를 바라지 않고 최선을 다해 돕는다.	1 0.7	14 9.9	56 39.7	51 36.2	19 13.5
친구 또는 이웃들은 내가 일본사회에 적응하는 데 많은 도움을 준다	1 0.7	11 7.8	66 46.8	52 36.9	11 7.8
친구 또는 이웃들은 항상 나의 일에 관심을 갖고 걱정해준다.	-	9 6.4	68 48.2	52 36.9	12 8.5
친구 또는 이웃들은 내가 필요로 하면 아무리 큰돈이라도 마련해준다.	6 4.3	34 24.1	69 48.9	29 20.6	3 2.1
친구 또는 이웃들은 무슨 일이건 대가를 바라지 않고 최선을 다해 돕는다.	-	22 15.6	77 54.6	36 25.5	6 4.3
사회복지시설, 시민단체, 종교관련 사람들은 내가 일본사회에 적응하는데 많은 도움을 준다.	27 19.1	35 24.8	40 28.4	28 19.9	11 7.8
사회복지시설, 시민단체, 종교관련 사람들은 항상 나의 일에 관심을 갖고 걱정해준다.	29 20.6	35 24.8	41 29.1	26 18.4	10 7.1

변인 \ 5점 척도	전혀 그렇지 않다	그렇지 않다	보통 이다	그런 편이다	매우 그렇다
사회복지시설, 시민단체, 종교관련 사람들은 내가 필요로 하는 일에 많은 도움을 준다.	44 31.2	41 29.1	39 27.7	14 9.9	3 2.1
사회복지시설, 시민단체, 종교관련 사람들은 무슨 일이건 최선을 다해 도와준다.	34 24.1	40 28.4	37 26.2	24 17.0	6 4.3

2) 재일한인의 차별 양상

재일한인은 일제식민시대부터 현재까지 현지사회에서 각종 사회적 차별과 배제의 삶을 여전히 살아오고 있다. 현지사회의 차별은 부모세대 뿐만 아니라 그 자녀들까지 지속되고 있다는 점에서 더욱 문제적이다.[6] 최근의 자료에 따르면, 재일한인 고교생들 중 80%는 "생활속에서 차별을 느낀다"고 응답했다. 이하는 재일한인사회의 대표적인 차별 사례를 살펴보고, 재일한인의 차별 실태를 분석하였다.

1945년 8·15해방 이후 현재에 이르기까지 재일한인사회의 민족차별 투쟁의 전개과정을 정리해보면 〈표 4.10〉과 같다.

표 4.10 재일한인의 민족차별 투쟁 현황

연도	주요 사건 및 내용
1948	조선인학교 폐쇄반대투쟁(한신교육투쟁 등)
1950	생활보호 요구 투쟁
1958	고마쓰가와(小松川) 사건(1962년 사형 집행)
1965	국민건강보험 적용 운동(1986년 적용)
1968	김희로 사건(1975년 무기징역 확정)

6 최근의 자료에 따르면, 일본 전국에 있는 조선학교, 민족학교의 고교과정과 공립고등학교에 다니는 재일한인(한국인, 조선인) 고교생들 중 80%는 "생활속에서 차별을 느낀다"고 응답했다. 고교생의 76%는 "재일한국인, 조선인을 겨냥한 시위에 대해 분노를 느꼈다"고 응답했다. 경향신문, 2016.02.26

연도	주요 사건 및 내용
1970	히타치 취업차별 사건(재일한인 차별 투쟁 재판 중 처음으로 승소)
1974	공영주택 입주, 아동수당 요구 운동
1975	재일한인 연구자 '대학교육자 조직을 결성 국공립대학 교원 채용' 조치 청원서 제출
1977	최고재판소 재일한인 2세 김경득을 한국적 상태로 사법연수생으로 채용 인정, 현재 재일동포 변호사 약 100명 이상
1978	손진두, 피폭자 건강수첩 재판 승소
1980	한종석, 신주쿠구청 지문날인거부(지문날인거부 운동 확대, 2000년 완전 폐기)
1987	대한항공피폭사건을 계기로 치마저고리 습격사건 등 조선학교 여학생에 대한 폭행, 희롱사건 각지에서 발생
1989	교토 우토로 지구 주민에 대한 토지 반환 청구 소송(2000년 최고재판소에서 주민 승소, 2007년 토지권리자와 주민 합의)
1990	김정규 등 11명 선거인명부에 등록할 것을 요구하며 오사카지방재판소에 제소
1991-92	이학래, 정상근, 석성기 등이 각각 전 일본군속의 보상을 요구하여 제소
1993	송신도, 일본군 위안부 사죄와 보상을 요구하여 제소
1999	구니모토 마모루는 한센병 전 환자로서 '나병 예방법위헌구구가보상청구소송', '국가배상소송'의 원고가 되었음.
2000	이시하라 도지사 자위대 식전에서 '3국인' 발언(불법 입국한 3국인이 흉악한 범죄를 반복하여 큰 재해 시 소동이 우려된다.)
2000	구 국민연금법의 국적조항에 의한 무연금자 7명이 구제조치를 요구하여 제소
2001	고이즈미 총리와 면담, 공소단념 제안 후생노동성과 교섭하여 승리
2003	아마가사기 입주 거부(이듬해 패소, 2006년 오사카 최고재판소 헌법위반의 차별 인정)
2003	에다가와 조선학교에 대하여 도쿄도가 토지반환 청구소송(2007년 화해)
2007	사할린 잔류 한국조선인 11명 우편저금의 2000배 지불청구 소송
2010	고교무상화제도의 조선고교에의 즉시 적용을 요구하는 투쟁
2011	한일정상회의에서 한국의 이명박대통령이 일본군 '위안부' 문제 해결을 요구, 노다 수상은 해결이 끝났다고 주장
2014	아베총리, "일본이 국가적으로 성노예를 삼았다는 근거 없는 중상이 셰계에서 이루어지고 있다."

출처: 임영언 · 허성태, "재일한인의 정체성 기반의 상징문화: 2 · 8독립선언과 6 · 25전쟁 참전 기념비를 중심으로," 『Journal of International Culture』 8-1(2015), pp. 139-140.

(1) 김희로 사건

재일한인사회에서 민족차별 투쟁의 발단이 된 최초의 사건은 김희로 사건이다. 이 사건은 1968년 재일동포 2세인 김희로[7]가 일본의 조직폭력배 2명을 살해한 죄로 체포되어 24년 간 복역한 사건으로 재일한인들이 민족차별문제를 일본사회에서 부각시켰다는 평가를 받고 있다.[8] 김희로 사건의 내막을 간단하게 정리해보면 다음과 같다.[9]

1968년 2월 20일 권희로는 시즈오카현 시미즈시의 클럽 밍크스에서 야쿠자 2명과 말싸움을 하게 된다. 채권자의 채권청부를 받아 빚 독촉을 하던 상대편의 일본인 야쿠자가 그에게 "조센진, 더러운 돼지새끼!"라고 모욕하자, 이에 격분한 그는 총으로 이들(미성년자 소년 한 명 포함)을 살해했다. 이후 그는 M1 카빈 전용 30발 실탄을 장착했던 호와 공업의 엽총과 다이너마이트를 가지고 현장을 탈출, 현장으로부터 45km 떨어진 시즈오카현 하이바라군 혼카와네정(現 가와네혼 정)으로 도주한 후 하이바라의 스마타쿄에 있는 한 온천 여관에서 투숙객 13명을 인질로 잡고 일본 경찰과 대치했다. 대치 당시 그는 기자 회견 중 그는 "경찰관의 한국인 차별을 고발하기 위해 사건을 일으켰다."고 주장하면서 일본 경찰 고위층의 사죄와 해당 경찰관의 파면을 요구하기도 하였다. 일본 경찰은 형사들을 기자로 변장시킨 후 여관에 투입, 88시간 만에 그를 체포하였다. 일본 경찰에 체포된 권희로는 1971년, 1974년, 1975년 3심을 거쳐 일본 최고재판소에서 무기징역을 선고받았다. 1980년대부터 본격적인 석방노력이 전개되었고, 오랜 석방운동 끝에 1999년 9월 7일 31년 만에 7년 이상 복역한 외국인 장기수는 국외로 추방된다는 법규에 따라 한국으로 돌아왔다.

---

7 본명은 권희로이다. 당시 일본에서는 김희로라는 이름으로 불리웠다.

8 임영언 · 허성태(2015), p. 140.

9 이하 내용은 위키백과, https://ko.wikipedia.org/wiki/%EA%B6%8C%ED%9D%AC%EB%A1%9C(검색일: 2016.12.30.)에서 발췌함.

(2) 히타치 취업 차별 사건

1970년 일본 히타치제작소는 재일한인 2세 박종석 씨를 소프트웨어 사업부 신입사원으로 선발했다가 곧바로 합격을 취소한다는 번복결정을 내렸다. 박종석씨가 일본 국적이 없다는 이유였다. 재일대한기독교협회장인 이인하 목사는 '박군을 둘러싼 모임'을 결성하여 요코하마 재판소에 소송을 제기했고, 일본 사회에 부당함을 호소하며 히타치 불매운동을 전개했다. 1974년 대부분의 예상을 깨고 승소를 거두었다.[10]

'히타치 취업 차별 사건'은 재일한인의 인권신장에 기폭제가 됐다. '박군을 둘러싼 모임'은 재일한인사회 뿐만 아니라 일본사회의 문제로 인식되었다. 특히 일본의 지식인들과 학생들이 후원자, 지지자로 나서면서 전국에 8개 조직을 건설하기도 했다. 박군 사건이 한국에 전해지자 한국 내에서 히타치 제품 불매운동이 일어났다. 이것이 기독교 기관을 통해 미국에 전해지자 미국에서도 히타치 불매운동이 벌어졌다. 결국, 요코하마 재판소는 히타치 측에 박종석 군을 채용하고 합격 발표일부터 3년간 봉급을 지불하라고 판결했다.[11]

박종석 사건은 재일한인사회에서 일본의 차별에 대해 최초로 승리한 사건이 되었다. '박군을 둘러싼 모임'은 1974년에 '민족차별과 투쟁하는 연락협의회(민투련)'로 바뀌었으며, 재일한인에 대한 각종 차별 철폐운동으로 확산되었다.[12]

(3) 김경득 변호사 사건

김경득은 와세다대학 법학부를 졸업한 뒤 1976년 사법시험에 합격했다. 그러나 일본 사법부는 그에게 "외국인은 사법연수원에 입소할 수 없

10 민단 홈페이지, http://www.mindan.org/kr/front/newsDetail.php?category=2& newsid=8400(검색일: 2016.12.25)

11 한호일보, 2014.11.13

12 경향신문, 2008.07.04

다"며 귀화를 종용했으며, 그는 이를 거부하고 국적 조항 철폐 운동을 벌였다. 그 결과 1977년에 사업수습생으로 채용되었다. 그는 1945년 8월 15일 해방 이후, 일본사회에서 재일한인 변호사 제1호가 되었다.[13]

1979년에 개업한 김경득 변호사는 재일한인의 인권을 보호하는 인권변호사로서의 삶을 살게 되었다. 그는 사할린동포 귀환 청구 소송, 일본 국민연금 차별 취소 소송, 지문날일 철폐 소송, 재일한인 구 일본 군속 전후보상 청구 소송, 재일한인 종군위안부 전후보상 청구소송, 재일한인 도쿄도 관리직 시험거부 취소 청구 소송 등을 도맡아서 일했다. 2004년 11월에는 한·일·재일 지식인 변호사 사회활동가들을 중심으로 한·일·재일 네트워크를 결성하여 정주외국인의 지방참정권 실현을 위한 운동을 전개했다.[14]

(4) 본명/통명 사용 강요

상당수의 재일한인들은 일본사회에서 생존하기 위해 싫든 좋든 본명과 함께 통명(일본식 이름)을 갖고 있다. 재일한인들이 일본사회에서 통명을 사용하게 된 배경은 무엇보다 일상생활에서 차별을 받기 때문에 그렇다. 재일한인사회는 1970년대 일본 정부의 지문 날인 등 차별적인 조치에 맞서면서 '본명 부르기 운동'을 전개했지만 큰 성과를 거두지 못했다. 1991년 올드커머에 대한 특별영주권이 인정되자 정주화 경향이 가속화되면서 통명 사용이 증가했다.[15]

최근 재일한인들의 이름 사용을 둘러싼 소송이 잇따르고 있다. 재일동포 3세 제신일씨는 회사에서 통명 대신에 본명을 사용할 것을 강요받아 정신적인 고통을 받았다며 피해배상을 요구하는 소송을 제기했다. '본명

---

13 한겨레신문, 2006.01.01.

14 안양시민신문, 2011.07.04.

15 연합뉴스, 2015.08.05.

강요 재판'으로 불리며 주목을 받은 이 소송사건은 1심에서는 재일한국인이 일상생활에서 본명과 통명 중 어느 것을 사용하는가는 개인의 정체성 내지는 (인격권의 일부를 구성하는) 자기결정권에 관한 사항으로 피고의 행위는 그것을 침해하는 것이며, 또한 숨기고 싶어하는 재일한국인이라는 개인정보를 제3자에게 공개하는 것은 프라이버시를 침해하는 것이므로 피고는 원고에게 55만 엔의 손해배상을 지불하라고 명했다. 항소심에서는 재일한국인의 경우, 통명을 사용해온 역사적 경위가 있는바 외국인등록증명서 (2012년 이후는 주민표)에 본명과 아울러 통명이 병기되는 등 행정상으로도 배려해왔으며, 본명을 사용하면 생길지도 모르는 사회생활상의 불이익을 생각해서 숨기는 경우가 많은 것을 감안할 때, 본명 사용을 종용하고 그것을 제3자에게 공개하는 것은 통명 사용으로 인한 사회생활상의 평온과 프라이버시라는 인격적이익을 침해하는 불법행위에 해당한다며 원심을 지지했다.[16]

김임만 사례는 2009년 건설 현장에서 통명 사용을 강요받자 회사와 국가를 상대로 손해 배상 소송을 청구한 사건이다. 오사카 법원은 1·2심 모두 "회사가 강요했다고 인정할 수 없다"며 청구를 기각해 원고 패소 판결을 내렸다. 김임만씨는 이에 불복해 상고했으나 최고재판소에서도 상고수리를 거부했다. 김임만씨의 재판을 응원한 사람들의 모임인 '이름카라'는 판결을 비판하며, '당연하게 본명을 밝힐 수 있는 사회'란 제목의 운동을 온·오프라인상에서 펼치고 있다.[17]

이와 같이 두 사례가 주목받게 된 것은 무엇보다 폐쇄적인 일본사회에서 재일한인들이 사회적 차별에 맞서거나 또는 차별을 피하기 위해 본명과 통명을 사용해야 하는 디아스포라적 삶이 공론화되고 있다는 점이다.

---

16 유혁수 · 신기영, "'사실로서의 재일'과 '변하지 않은 일본'의 교차, 『일본비평』 14호(2015), pp. 4-5.

17 연합뉴스, 2015.08.05.

특히 최근 '재일특권을 용납하지 않는 시민모임' 등 우익단체들이 중심이 되어서 재일한인의 특별영주 자격 철폐와 통명 사용 철폐를 요구하는 혐한시위가 지속되고 있다. 그런 점에서 재일한인의 사회적 차별과 배제는 일본사회에서 중요한 이슈로 자리잡고 있다.

(5) 지문날인 거부운동

지문날인 거부운동은 1980년대 일본사회에서 재일한인의 인권문제를 중심으로 전개된 외국인 차별 철폐 운동이다. 1952년에 제정된 일본의 외국인등록법 제14조는 일본에 1년 이상 재류하는 외국인이 거주등록을 할 때 반드시 지문을 날인하도록 의무화하고, 만약 이를 위반할 때에는 1년 이하의 징역이나 금고, 또는 3만 엔 이하의 벌금을 부과할 수 있도록 했다. 그러나 1980년대에 들어 재일한인을 중심으로 지문날인 거부 움직임이 확산되고 이들을 둘러싼 재판이 각지에서 열리면서 지문날인제도의 수정이 불가피해졌다.

이 사건의 발단은 1980년 도쿄 신주쿠 구청에 출두한 한종석이 갱신하는 외국인 등록증 지문날인을 거부하면서 부터이다. 한종석은 곧바로 구금되었고, 이후 미국인, 독일인 등의 호응을 얻었으며, 재일한인 3세들의 적극적인 지지를 얻게 되었다. 지문날인 거부는 전국적으로 확산되어 갔고 1만 명 이상의 재일한인 청년들이 구금되었다. 1989년 7월 14일 최고재판소는 2심에서의 유죄판결을 파기하고 면소 판결을 내렸다. 한종석 사건의 발발로 '한씨 일가의 지문날인 거부를 지지하는 모임이 결성되어 법 개정을 위한 연대투쟁을 시작했다. 1983년 10월 1일 외국인 등록법 개정을 위해 궐기한 재일한국청년회는 국토종단을 하면서 10만 5,535명의 서명을 받았다.[18]

---

18 한호일보, 2014.12.04.

이와 같은 지문날인 거부 운동은 일본사회에서 재일한인의 사회적 차별에 대한 제도적 시정을 요구한 사건이었고, 일본사회가 국제화·다문화 공생 정책을 모색하는 계기가 되었다.

(6) 지방선거 참정권 운동

일본은 현재 영주외국인에 대해 지방선거 참정권을 부여하지 않고 있다. 일본에서 외국인의 참정권 문제는 1980년대부터 학계를 비롯하여 언론·시민단체 등을 중심으로 논의되어 왔다. 민단은 1988년 3월 제38회 정기중앙위원회에서 지방참정권을 획득할 것을 결의하였으며, 1992년 3월 제42회 정기중앙위원회에서 생활권 확충운동의 최대목표로서 지방참정권 문제를 명확히 내세웠다. 1993년 9월 오사카후 키시와다시가 전국 자치체 중에서 처음으로 정주외국인의 지방참정권 부여를 일본정부에 요구하는 의회 결의를 하였다. 민단은 1994년 3월 제44회 정기중앙위원회에서 지방의회에서의 의견서 채택 요망 활동을 본격적으로 전개하기로 결정하였다.

일본사회에서 영주외국인의 지방참정권 부여 문제가 본격화되기 시작한 것은 1995년 2월 28일 일본 최고재판소의 판결과 관련이 있다. 오사카에 거주하는 재일한인 2세인 김정규 외 8명은 오사카시에 있는 복수의 구선거관리위원회를 상대로 선거인명부에의 등록(선거권)을 요구하는 소송을 제기했다. 이 소송에 대해 최고재판소는 일본에 재류하는 영주외국인 등에게 지방자치단체의 장·그 의회의원 등에 대한 선거권 부여는 헌법상 금지되어 있는 것이 아니며, 그것은 오로지 입법정책에 관한 일이다고 판결했다. 이 판결을 계기로 지방의회에 있어서의 의견서 채택이 급증하게 되어 2003년 2월 현재 1,511개 자치체이며, 재일한인이 집중 거주하고 있는 지역에서는 의견서 채택율이 76.7%에 이르렀다.[19]

19 민단 홈페이지, http://www.mindan.org/kr/jigyo04.php(검색일: 2016.12.30)

1998년 이후 일본의 정당들은 외국인에 대한 지방선거 참정권을 부여하는 내용의 법안을 국회에 제출하기에 이르렀다.[20] 최고재판소의 판결과 의회에서 법안 발의 등으로 재일한인사회는 지방선거 참정권 획득을 위한 운동을 전개하기 시작했다. 1998년에는 민주당과 공명당에 의해 외국인 지방참정권 법안이 일본 국회에 제출되었지만, 두 정당이 야당이라는 한계 때문에 통과되지 못했다. 이후 공명당이 1999년 10월에 연립여당에 참가하면서 같은 연립여당인 자유당과 함께 법안을 다시 국회에 제출했지만 자민당의 반대에 부딪혀 폐기되었다.[21] 2000년대 들어와서도 공명당과 민주당이 주도하여 외국인 지방참정권 법안을 국회에 제출했지만 보수정당인 자민당의 강력한 반대에 의해 무산되고 있다.

(7) 재일한인의 차별 실태

재일한인이 지역사회에서 생활하면서 겪는 차별에 대한 실태를 살펴보면, 〈표 4.11〉과 같다. 질문항목 중 평균점수가 상대적으로 높은 항목들을 보면, "귀하가 사는 지역에서 재일한인에 대한 차별을 느낀 적이 있다."(평균 2.7), "재일한인들이 즐길만한 문화, 여가시설이나 프로그램이 부족하다."(평균 2.7), "재일한인을 비하하는 단어를 들은 적이 있다."(평균 2.6), "재일한인이라는 이유로 나를 무시하는 말이나 심한 표현을 들은 적이 있다."(2.4), "재일한인이 할 수 있는 마땅한 일자리를 찾기가 어렵다."(평균 2.4) 순으로 나타났다. 반면, 평균점수가 낮은 항목들을 보면, "민족학교(혹은 조선학교) 차별에 대해 경험한 적이 있다."(평균 1.8), "민족학교(혹은 조선학교) 차별에 대해 경험한 적이 있다."(평균 1.8), "재일한인이라는 이유로 내가 식당, 커피

---

20 안완수, "재일외국인의 지방참정권에 대하여," http://www.moleg.go.kr/knowledge/monthlyPublication;jsessionid=fQwG1CCVq58shBcfH9rWnFAVRGdEmOT07MxaQDKnzSibdP2eNZG5lcPxrlKHuTHw?mpbLegPstSeq=131019(검색일: 2016.12.30)

21 시사저널, 2000.03.23., http://www.sisapress.com/journal/articlePrint/87544(검색일: 2016.12.30)

숍, 편의점 등에 들어가면 주인이 무관심하거나 불편해 한 적이 있다."(평균 1.8), "내가 재일한인이기 때문에 아플 때 의사나 주변사람이 대수롭지 않게 생각한 적이 있다."(평균 1.9), "재일한인이라는 이유로 의사결정과정에서 내 의견이 무시당하거나 배제된 적이 있다."(평균 1.9) 순으로 응답했다.

표 4.11 재일한인의 차별 실태

질문항목	최소값	최대값	평균	표준편차
재일한인이라는 이유로 나를 무시하는 말이나 심한 표현을 들은 적이 있다.	1	5	2.4	.838
재일한인을 비하하는 단어를 들은 적이 있다.	1	5	2.6	.819
나의 외모나 언어에 대해 사람들이 거부감을 갖거나 싫어하는 느낌을 받은 적이 있다.	1	5	2.1	.872
내가 재일한인이기 때문에 잘 말하지도, 잘 듣지도 못하는 식의 대우를 받은 적이 있다.	1	5	2.1	.861
내가 재일한인이기 때문에 아플 때 의사나 주변사람이 대수롭지 않게 생각한 적이 있다.	1	5	1.9	.703
재일한인이라는 이유로 다른 사람이 내가 하는 말이나 행동을 못미더워 한 적이 있다.	1	5	2.1	.745
재일한인이라는 이유로 내가 궁금해 하는 것을 모른 척하거나, '몰라도 된다.'며 대답해주지 않은 적이 있다.	1	5	2.0	.751
내가 할 수 있는 일인데도 재일한인이라는 이유로 제대로 하지 못할 것으로 여겨 부탁내지 요청받지 못한 적이 있다.	1	5	2.0	.732
재일한인이라는 이유로 의사결정과정에서 내 의견이 무시당하거나 배제된 적이 있다.	1	5	1.9	.716
재일한인이라는 이유로 내가 식당, 커피숍, 편의점 등에 들어가면 주인이 무관심하거나 불편해 한 적이 있다.	1	5	1.8	.589
재일한인이라는 이유로 같은 재일한인에게 무시당하거나 무안을 당한 적이 있다.	1	5	2.0	.757
재일한인이 할 수 있는 마땅한 일자리를 찾기가 어렵다.	1	5	2.4	.778

질문항목	최소값	최대값	평균	표준 편차
재일한인은 능력에 상관없이 적절한 대우를 받지 못한다.	1	5	2.2	.741
재일한인들이 즐길만한 문화, 여가시설이나 프로그램이 부족하다.	1	5	2.7	.978
재일한인들이 필요로 하는 정보를 쉽게 얻을 수 없거나 이해하기 어렵다.	1	5	2.3	.754
내가 사는 지역에서 재일한인에 대한 차별을 느낀 적이 있다.	1	5	2.7	.826
일상생활에서 문화, 예절의 차이로 차별을 경험한 적이 있다.	1	5	2.3	.757
일본의 지문날인 제도 때문에 차별을 경험 한 적이 있다.	1	5	2.1	.748
등록증 상시휴대 제도 때문에 차별을 경험한 적이 있다.	1	5	2.1	.705
재입국허가 제도 때문에 차별을 경험한 적이 있다.	1	5	2.0	.696
공무원 및 국 · 공립학교 교원 채용과 관련하여 차별을 경함한 적이 있다.	1	5	1.9	.851
민족학교(혹은 조선학교) 차별에 대해 경험한 적이 있다.	1	5	1.8	.933
나는 일본의 선거권 제도 때문에 차별을 경험 한 적이 있다.	1	5	1.8	.913

재일한인이 직장에서 겪는 차별에 대한 실태를 살펴보면, 〈표 4.12〉와 같다. 〈표 4.12〉에서 보듯이, 재일한인은 전반적으로 차별을 겪지 않고 직장생활을 영위하고 있는 것으로 나타났다. 여러 항목 중에서 평균값이 가장 높은 항목은 "업무 시간에 화장실을 마음대로 가지 못하게 했다."라는 항목으로 평균 2.0으로 나타났다, 반면, 가장 낮은 항목은 "임금을 정해진 날짜에 받지 못한 적이 있다", "임금의 일부나 잔액을 받지 못한 적이 있다", "일을 잘 못한다거나 느리다는 이유로 임금에서 지급받지 못한 적이 있다." 등이었다.

표 4.12 직장생활에서의 차별 양상

질문항목	최소값	최대값	평균	표준 편차
임금을 정해진 날짜에 받지 못한 적이 있다.	1	2	1.8	.430
임금의 일부나 잔액을 받지 못한 적이 있다.	1	2	1.8	.378
일을 잘 못한다거나 느리다는 이유로 임금에서 지급받지 못한 적이 있다.	1	2	1.8	.258
일이 없거나 적다고 해고당한 적이 있다.	1	2	1.9	.281
업무 시간이 끝난 이후나 휴일에 강제로 일한 적이 있다.	1	2	1.9	.344
업무 시간에 화장실을 마음대로 가지 못하게 했다.	1	2	2.0	.145
정해진 작업량을 마치기 전까지 식사나 퇴근을 금지 당했다.	1	2	1.9	.233

3) 재일한인의 삶의 만족도

재일한인이 지역사회의 구성원과 함께 생활하면서 느끼는 삶의 만족도를 살펴보면 〈표 4.13〉과 같다. 현재 일본에서의 생활은 전반적으로 보통이상으로 나타났다. 구체적으로 항목 간 평균값을 살펴보면, 상대적으로 가장 높은 평균값을 보인 항목은 "가족들과의 관계에 만족함"으로 평균 3.87로 나타났다. 다음으로 "현재 사귀는 친구들과의 관계에 만족함"(평균 3.79), "일상적으로 먹는 음식에 만족함"(3.77), "친척들과의 관계에 만족함"(평균 3.51) 순이다. 이러한 사실에서 재일한인은 가족을 비롯하여 친척이나 친구들과의 교류 및 관계에 만족하고 있으며, 이들을 통해 지역사회에서 적응하고 있음을 이해할 수 있다.

반면, 일본정부의 외국인정책, 정보습득, 선거방식, 교육정책, 공무원 및 교원채용 등의 항목에서는 상대적으로 낮은 평균값을 보이고 있다. 구체적으로 가장 낮은 평균값을 보인 항목은 "일본정부가 시행하는 재일한인의 교육 정책에 대해 만족한다"가 평균 2.01로 나타났다. 다음은 "일본정부의 외국인 정책에 대해 만족한다"(평균 2.07), "일본정부가 시행하는 공무원 및 학교 교원 채용에 대해 만족한다"(평균 2.10), "일본의 지방선거 투표에 대해 만족한다"(평균 2.20), "일본의 신문, 잡지, 인터넷사이트 등에 대해 만족한다"(평균 2.49) 순으로 나타났다.

표 4.13 재일한인의 삶의 만족도 결과

질문항목	최소값	최대값	평균	표준 편차
나는 현재 일본에서의 생활에 만족한다.	1	5	3.51	.802
나는 일상적으로 먹는 음식에 만족한다.	1	5	3.77	.868
나는 일상적으로 입는 옷에 만족한다.	1	5	3.84	.801
나는 가족들과의 관계에 만족한다.	1	5	3.87	.841
나는 현재 사귀는 친구들과의 관계에 만족한다.	1	5	3.79	.763
나는 친척들과의 관계에 만족한다.	1	5	3.51	.736
나는 일본사람들과의 관계에 만족한다.	1	5	3.41	.883
나는 요즘 신체건강 상태에 만족한다.	1	5	3.41	.999
나는 요즘 정신건강 상태에 만족한다.	1	5	3.46	1.125
나는 현재 하고 있는 일에 대해 만족한다.	1	5	3.41	1.109
나는 현재 나의 한 달 수입에 만족한다.	1	5	3.19	1.153
나는 현재 사회생활에 만족한다.	1	5	3.38	.888
나는 주변사람들이나 일터에서 동료들과의 관계에 만족한다.	1	5	3.46	.745
나는 요즘 저녁시간이나 주말을 보내는 방법에 만족한다.	1	5	3.34	.938
나는 나의 삶에서 기쁨을 얻고 있다고 느낀다.	1	5	3.46	.911
나는 내가 원하는 만큼 자유가 있다고 느낀다.	1	5	3.54	.911
나는 전반적으로 나에게 만족한다.	1	5	3.00	.879
나는 현재 행복하다.	1	5	3.49	.895
나는 내가 가치 있는 사람이라고 느낀다.	1	5	3.66	.795
나는 일본정부의 외국인 정책에 대해 만족한다.	1	5	2.07	.859

질문항목	최소값	최대값	평균	표준 편차
나는 일본의 신문, 잡지, 인터넷사이트 등에 대해 만족한다.	1	5	2.49	.837
나는 재일한인들과의 관계에 만족한다.	1	5	3.16	.776
나는 재일한인의 단체나 조직에서 실시하는 행사에 만족한다.	1	5	2.95	.841
나는 일본의 지방선거 투표에 대해 만족한다.	1	5	2.20	.793
나는 일본정부가 시행하는 재일한인의 교육 정책에 대해 만족한다.	1	5	2.01	.825
나는 일본정부가 시행하는 공무원 및 학교 교원 채용에 대해 만족한다.	1	5	2.10	.777

3. 재일한인의 사회정착기제

1) 재일한인의 주요 사회단체

(1) 재일본대한민국민단

재일본대한민국민단(민단)은 1946년 10월 3일, 도쿄 히비야공회당에서 "재일본조선거류민단"으로서 창단되었다. 1994년 제44회 정기 중앙대회에서 명칭을 "재일본대한민국거류민단"에서 "거류"라는 두 글자를 삭제했다. 민단의 강령은 대한민국의 국시 준수, 재일한인의 권익옹호, 재일한인의 경제발전, 재일한인사회의 문화 향상, 세계평화와 국제친선 등 5개 항목이다. 민단의 주요 중점 활동 방향은 지방참정권 획득운동, 조직활성화 운동, 차세대 육성운동, 조국 평화통일 지원 사업, 자립재정 확립 지원 사업, 밝은 재일한인사회 구축 지원 사업 등이다. 민단의 시대별 주요 활동 내용을 정리해보면 다음과 같다.[22]

사진 4.1 재일본대한민국민단[23]

① 1945년 8월~1950년 6월

1945년 10월「재일조선인련맹」(조련)이 결성되었는데, 신탁통치문제로 좌우대립이 격화되어 반공청년을 중심으로「조련」에서 이탈하여,「조선건국촉진청년동맹」(건청)을 결성하였다. 1946년 1월「신조선건설동맹」(건동)이 결성되어, 건청과 합동으로 1946년 10월 3일「재일본조선거류민단」(민단)이 발족하였다. 민단은 귀국사업 후원, 민생문제 지원 등을 위해 연합군최고사령부(GHQ) 및 일본정부와 협상을 진행했다.1948년 8월 15일 대한민국 정부수립과 더불어 같은 해 9월 8일 민단은 정부로부터 재일한인의 유일한 공인단체로서 인정받았다.

---

22 이하의 내용은 민단의 홈페이지에서 발췌함. http://www.mindan.org/kr/shokai03.php(검색일: 2016.12.30) 민단의 자세한 활동 내용은 지충남,『재일한인 디아스포라: 재일본대한민국민단과 재일본한국인연합회의 단체활동과 글로벌 네트워크』(파주: 마인드탭, 2015) 참조

23 사진제공자: 임영언(전남대 세계한상문화연구단 연구교수)

② 1950년대

1950년 6월 25일 한국전쟁이 발발하자 일본사회에서 조련과 민단은 치열한 대립투쟁이 일어났다. 1950년 7월 민단은 644명의 재일청년학도를 중심으로 학도의용군을 조직하여 인천상륙작전 참가를 위시하여 한국전쟁에 참전하였다. 1953년 7월 정전 이후에도 각지에서 대립투쟁이 전개되었으며, 1955년 「재일본조선인총련맹」으로 노선전환과 탈바꿈한 구조련을 상대로 통일문제를 둘러싸고 대립했다. 1959년 8월 민단은 일본적십자와 북한적십자 사이에 체결된 「재일조선인귀환협정」에 의해 조총련동포를 북송하는 것은 인도적인 면에서도 용납될 수 없다하여 「북송반대투쟁」을 전개했다.

③ 1960년대

1960년 한국에서 「4·19혁명」에 이어 「5·16군사쿠데타」가 연속적으로 일어나자 민단내에서는 본국에 대한 자세 문제로 일시적인 혼란이 발생했다. 또한 1965년 「한일회담」 타결을 둘러싸고 민단내에서 찬·반 양론으로 다소 혼란이 있었으나 본국의 발전을 위해 한일협정 결과에 순응하기로 결정했다. 1966년 1월부터 1970년 1월까지 한일협정에 의한 영주권 신청운동에 역량을 집중했으며, 신청자가 36만 5천여명을 돌파하여 대한민국의 재외국민으로서 명실공히 조직기반을 확립하게 되었다.

④ 1970년대

1970년 오사카 만국박람회시 본국인 초청사업 등을 전개하여 본국과의 연대를 강화하였다. 1970년대 본국에서 새마을운동이 본격화되자 민단도 새민단운동을 전개하는 한편, 본국의 150여개 부락과 자매결연을 맺고 10억엔의 자금을 지원했다. 새민단운동을 전개하여 조직정비와 조직강화에 힘쓴 결과, 전국 49개 지방본부, 383개 지부, 약 5천개의 반조직을 구축(당시 1976년 3월)하여 약 40만명의 단원을 확보하였다.

⑤ 1980년대

민단은 1980년대부터 본격적으로 재일한인의 권익옹호투쟁을 전개하였다. 1965년 한일협정에서 미비했던 법적지위와 처우상의 문제를 둘러싸고 일본정부와 투쟁을 전개했다. 공영주택 입주문제, 아동수당, 연금 등의 복지문제, 국적에 의한 취직차별 문제, 지문날인 문제 등의 외국인등록법의 인권침해문제 등에서도 지속적으로 차별 철폐 투쟁을 전개했다. 특히 1986년에 「지문날인철폐 100만명 서명운동」을 전개하여 180여만 명의 서명을 획득하여 재일한인 권익운동의 계기를 마련하게 되었다.

민단은 1988년 서울올림픽의 성공적인 개최를 위해 재일한인들이 540억원을 모금하여 지원하는 등 본국의 발전을 위해 노력해왔다. 또한 본국의 경제발전을 위해서 재일기업인을 중심으로 「재일한국인투자협회」를 조직하여 「신한은행」을 신설하는 등 본국의 경제발전에도 기여했다. 민단은 이외에도 독립기념관 건설 모금 운동, 평화의 댐 건설 모금, 수해의연금, 바이 코리안 운동(한국물산구매운동), 대전엑스포 등 다양한 부문에서 지원 사업을 전개해왔다.

⑥ 1990년대

1991년 1월 10일 재일한인의 법적지위에 관한 한일외상간의 합의를 통해 협정영주 3대 이후의 기속적인 영주권 부여가 확정되었으며, 지문날인 철폐 등에도 일정한 성과가 있었다. 그러나 재일한인의 처우, 특히 국적에 의한 취직 차별, 민족교육권 문제, 지방선거 참정권 문제 등은 여전히 해결되지 못하고 있다. 민단은 1994년 5월 지방선거 참정권 운동을 본격적으로 전개하기 시작했다. 1996년 10월 3일 민단 창단 50주년을 기념하여 재일한인은 일본사회에서 정주해 나갈 것을 내외에 밝히고, 한국인으로서 일본 지역사회에서 공생·공영을 지향해 갈 것을 밝혔다. 1997년에는 본국이 IMF금융위기에 처하자 재일한인사회는 국난 타개에 동참한다는 뜻에서 「외화송금운동」을 전개하여 약 870억엔을 송금하였다.

⑦ 2000년대

민단은 2002년 한일 월드컵 성공을 위한 후원 사업을 진행하였고, 2003년 북핵문제가 다시 등장하면서 한반도의 비핵화와 평화정착을 위한 운동을 전개하였다. 특히 민단은 2000년 제1차 남북정상회담 개최와 6·15 남북공동선언문 합의 등 남북 간 화해와 교류협력이 활성화되자 2006년 5월 17일에 반세기 동안 대립과 갈등을 지속해온 조총련과 화해의 만남을 가졌다. 이 회담에서 민단과 조총련은 6개 항목의 공동성명을 발표했다. 첫째, 6·15 민족통일대축전 일본지역위원회 공동참가; 둘째, 8·15 기념축제 공동개최; 셋째, 재일한인 새 세대 교육과 민족문화 진흥사업 공동추진; 넷째, 한인사회 복지·권익옹호 활동 협력; 다섯째, 두 단체의 화해와 한인사회 단합을 위한 상호 협력; 여섯째, 합의 이행을 위한 창구 설치 등이다.[24] 그러나 역사적인 만남 이후 한 달여 만에 민단 임시 중앙위원회에서 조총련과의 화해는 충분한 내부 의견을 수렴하지 못한 것으로 결정되면서 백지화 되었다.[25]

민단의 단세 현황(2013년 12월 현재)을 보면, 칸토(關東), 토호쿠(東北), 츄호쿠(中北), 킨키(近畿), 츄고꾸(中國), 큐슈(九州), 시코쿠(四國) 등 279개의 지부, 108개의 분단, 1,187개의 반으로 구성되어 있다.

24 중앙일보, 2006.5.17, http://news.joins.com/article/2296294(검색일: 2016.12.30)

25 Break News, 2006.06.26., http://www.breaknews.com/sub_read.html?uid=43202&section=section3&section2=(검색일: 2016.12.30)

표 4.14 민단 단세 현황

구분	지방 본부명	지부	분단	반(斑)	세대	국민등록자	재류동포
칸토(關東)	도쿄	21	22	59	7,062	35,857	83,470
	카나가와	8	17	1	6,585	20,675	30,859
	치바	7	0	0	788	2,703	16,443
	야마나시	1	0	0	350	1,100	2,137
	토치기	6	0	0	461	1,531	2,821
	이바라기	6	0	0	774	4,396	5,122
	사이타마	5	0	0	2,571	6,512	17,601
	니시도쿄	4	0	0	1,595	6,120	15,496
	군마	0	0	0	324	992	2,805
	시즈오카	3	1	2	1,019	3,556	5,799
	나가노	5	0	0	844	2,520	4,209
	니이가타	5	0	0	323	1,382	2,067
토호쿠(東北)	미야기	3	0	0	471	3,069	3,920
	홋카이도	12	0	0	1,107	2,115	5,080
	아오모리	5	0	0	174	448	958
	야마가타	1	0	0	128	903	1,804
	이와테	0	0	0	205	651	1,039
	아키타	4	0	0	135	574	666
	후쿠시	0	0	0	346	732	1,741
츄호쿠(中北)	아이치	13	0	304	8,094	22,068	36,569
	기후	7	0	0	1,128	2,837	5,046
	미에	8	0	91	1,200	4,505	5,419
	이시카와	0	0	0	337	1,898	1,824
	후쿠이	7	0	0	246	950	2,906
	토야마	0	0	0	269	884	1,198
킨키(近畿)	오사카	31	2	441	20,850	94,055	118,396
	효고	15	13	28	6,480	42,483	48,157
	쿄토	13	20	37	3,682	25,346	29,317

구분	지방 본부명	지부	분단	반(斑)	세대	국민등록자	재류동포
-	나라	9	0	0	749	3,553	4,244
	시가	10	0	20	800	3,223	5,339
	와카야마	5	0	0	865	2,593	2,555
츄고꾸 (中國)	히로시마	15	0	137	2,125	7,500	9,692
	오카야마	4	7	0	1,592	4,913	5,843
	톳토리	1	1	0	288	1,070	1,168
	시마네	3	0	0	230	901	807
	야마구치	10	0	0	2,145	6,891	6,901
큐슈 (九州)	후쿠오카	13	25	60	2,887	15,852	17,811
	나가사키	3	0	4	352	840	1,179
	사가	5	0	0	319	691	801
	오이타	7	0	0	498	1,608	2,312
	미야자키	0	0	0	126	465	630
	쿠마모토	2	0	0	345	1,055	1,111
	카고시마	0	0	0	170	234	542
	오키나와	0	0	3	190	253	795
	츠시마 연락 사무소	0	0	0	13	45	83
시코쿠 (四國)	카가와	0	0	0	214	824	1,003
	에히메	2	0	0	294	965	1,435
	코우치	0	0	0	230	573	612
	토쿠시마	0	0	0	68	160	364
합계		279	108	1,187	82,048	345,071	519,737

(2) 재일본조선인총연합회[26]

재일본조선인총연합회(조총련)은 민단과 함께 재일한인사회의 주요 단체 중 하나이다. 조총련은 1955년 5월 25일 아사쿠사 공회당에서 정식으로 결성되었다. 이 결성대회에서 조총련은 재일한인의 북한 주위로의 결집, 조국의 평화통일, 재일한인의 민주적·민족적 권리 옹호, 민족교육 실시, 북일 친선과 세계평화에의 공헌 등을 강령으로 채택하였다.

① 조총련의 활동

조총련의 주요 활동을 살펴보면, 1958년 5월에 조총련은 제4회 전체회의에서 한덕수 1인 의장체제로 전환되었다. 제4회 전체회의 이후 조총련은 북한의 교육 원조 지원 송금과 북한 귀환이 이루어지기 시작했다. 재일한인의 북송은 1959년부터 1984년까지 이루어졌으며, 총 93,340명이 북한으로 갔다.

1960년대 조총련은 조직을 확립하는 시기이다. 이 시기 조총련은 일본의 도도부현(都道府縣)에 지방본부, 조청(朝淸) 등의 참가 단체, 조선신보사 등의 사업체가 조직에 들어갔다. 그리고 유치원에서 조선대학에 이르는 150개에 이르는 민족학교의 틀을 구축했다. 그 결과 1960년대 초의 조총련 산하의 재일한인은 20만 명이 되었다.

1970년을 전후로 하여 재일한인 사회는 많은 변화를 겪었다. 특히 조총련은 조직적으로 성장하여 재일한인 중 약 절반정도를 산하에 두었다. 1972년 한덕수와 김병식간의 대립이 일어나 김병식이 실각했으며, 이 사건 이후 재일한인들이 조총련으로부터 이탈하기 시작했다. 이와 함께 1970년대 중반부터 시작된 재일한인 성묘단의 모국방문 사업이 추진되었고, 조총련의 구성원이 민단으로 전향하는 수가 증가했다.

---

26 이하의 내용은 한국민족문화대백과사전에서 발췌함(http://encykorea.aks.ac.kr/Contents/Index?contents_id=E0049043, 검색일: 2016.12.22)

사진 4.2 재일본조선인총연합회[27]

1980년대에 들어서 조총련은 조직 약화가 두드러지게 나타났다. 1980년대 한국의 급속한 경제 성장, 조총련계 상공인들에 대한 헌금 강요, 1986년 서울 아시안게임, 1988년 서울 올림픽 개최 등이 조총련 조직 약화의 주요 배경이 되었다. 이러한 상황은 1990년대 들어서도 지속되고 있다. 특히 북한의 식량 위기와 탈북자 문제, 그리고 조긴(朝銀) 파산과 일본인 납치 문제 등이 이를 선도했다.

2000년대 와서는 북한의 핵문제와 일본을 비롯한 국제사회의 대북제재 등으로 조총련의 조직과 활동은 크게 위축되었다. 일본 아베정권은 조총련 간부의 일본 재입국 금지, 북한 선박의 일본 입항 금지, 북한 국적자의 입국 금지 등 대북제재를 강화하고 있으며,[28] 고교무상화제도에서 조

---

27 사진제공자: 임영언(전남대 세계한상문화연구단 연구교수)

28 자유아시아방송, http://www.rfa.org/korean/special-programs/fe-nj-01132016143815.

선학교를 배제하는 조치를 취하였다.

② 조총련의 조직

조총련의 조직은 크게 중앙기구와 지방기구, 산하단체 등으로 구분할 수 있다.[29]

첫째, 중앙기구에는 전체대회(중앙대회), 중앙위원회, 중앙상임위원회 등으로 구성되어 있다. 전체대회는 조총련의 최고결의기관으로 3년에 한 번씩 정기 소집된다. 중앙위원 또는 지방집행위원회의 1/3 이상의 요구가 있을 때에는 임시대회를 소집할 수 있다. 대회는 대의원, 중앙위원, 감사위원으로 구성된다. 전체대회의 주요 임무는 중앙위원회, 감사위원회의 사업보고에 대한 심의결정; 기본방침의 수립; 중요사업의 의결; 회계보고 및 예산안의 심의결정; 강령, 규약의 심의채결; 의장, 제 1 부의장(폐지), 책임부의장, 부의장, 중앙위원 및 감사위원회의 선정 등이다. 중앙위원회는 다음 전체대회까지의 최고결의기관이다. 의장, 책임부의장, 부의장, 중앙위원, 감사위원으로 구성하며 6 개월에 한 번씩 중앙상임위원회가 소집한다. 다만, 중앙상임위원회에서 필요할 때 또는 1/3 이상의 중앙위원이 요구할 때는 임시로 이를 소집할 수 있다. 중요한 문제가 있을 때는 중앙위원회 확대회의를 소집하여 전체대회에 준하는 임무를 수행할 수 있다. 중앙위원회의 임무는 대회에서 결정한 제반 방침을 집행하기 위한 구체적 대책의 수립; 중앙상임위원회 활동보고의 심의결정; 각종 건의안에 대한 심의결재; 중앙상임위원의 선정; 대회준비와 소집; 기타 등이다. 중앙상임위원회는 의장, 책임부의장, 부의장, 각 국장 등으로 구성된다. 전체대회와 중앙위원회 결정에 의하여 조총련의 제반 사업을 조직지도 한다.

---

html(검색일: 2016.12.22)

29 NKchosun, 2013.10.29., http://nk.chosun.com/bbs/list.html?table=bbs_26&idxno=3522&page=6&total=141&sc_area=&sc_word=(검색일: 2016.12.27)

단 감사위원장도 이에 참가할 수 있다. 중앙상임위원회는 수시로 의장이 소집한다. 의장은 조총련을 대표하여 조총련의 모든 일을 주관한다.

둘째, 지방본부, 지부, 분회에 대해 살펴보면, 지방본부는 일본의 도도부현(都道府縣)에 설치되어 있다. 단 도쿄에는 도쿄도본부와 니시도쿄본부의 2개 지방본부를 두고있다. 지방본부는 조총련 중앙의 결정과 방침을 자기 지역에서 집행하기 위한 사업을 기획·수행하며, 산하의 단체들과 조선신용조합, 금강보험 등의 사업체, 학교의 활동을 지원한다. 조총련의 지방본부들은 해당지역을 구분하여 약 280개의 지부를 두고 있다. 이들 지부는 조총련의 하급 지도기관이며, 최고결의기관은 지부대회(총회)이다. 지부는 조총련계 재일한인들의 생활과 직결된 분회의 사업을 관할하여 상공회, 조청, 여성동맹, 학교 등을 지도하고 있다. 분회는 조총련의 기층조직으로 직접적인 실천단위이다. 현재 1300여 개 분회가 결성되어 있다. 분회에는 조총련 회원들로 구성된 분회총회가 있으며 총회에서는 분회위원들을 선출하고 활동계획을 세운다. 분회위원회는 분회장, 고문, 부분회장, 분회위원, 반장들로 구성되어 있다.

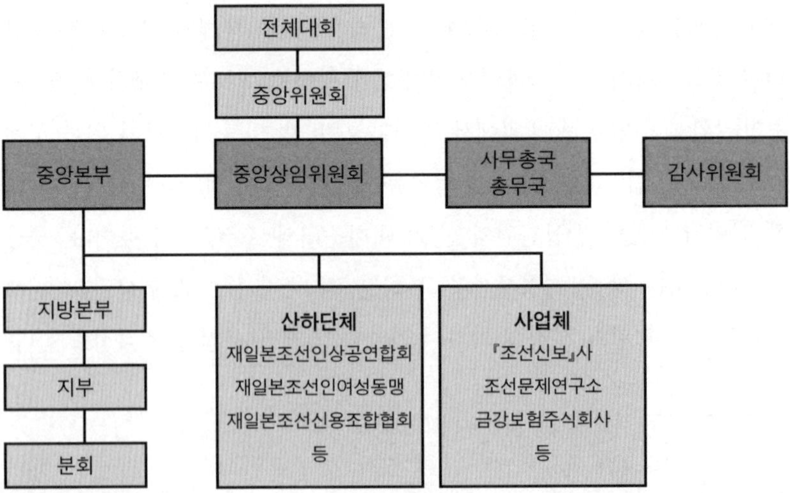

그림 4.1 조총련 조직도[30]

셋째, 조총련은 계층별, 세대별, 직능별, 성별 활동과 여론주도를 위한 선전·홍보활동을 위하여 산하에 여러 단체들을 두고 있다. 구체적으로 산하단체들을 보면, 재일조선청년동맹, 재일조선민주여성동맹, 재일조선인교육회, 재일조선인교직원동맹, 재일조선인과학자협회, 재일조선문학예술가동맹, 재일조선언론출판인협회, 재일조선유학생동맹, 재일조선인상공연합회, 재일조선인신용조합협회, 재일조선인체육연합회, 재일조선인불교도연맹, 조선신보사, 조선통신사 등 22개 단체가 있다.

(3) 재일본한국인연합회

뉴커머 재일한인들은 2000년 12월 2일 가칭 "재일한국인 사회를 생각하는 모임" 을 갖고, 18만 명에 이르는 뉴커머들의 이해를 대변하고 당면한 문제를 함께 풀어갈 수 있는 단체가 필요하다는데 동의하여 '재일본한국인연합회' 결성을 추진하였다. 2001년 5월 20일 창립총회를 개최하여 재일본한국인연합회(한인회)를 결성하였다. 한인회의 목적은 재일본 한국인의 친목과 협력을 증진하고 권익을 옹호함으로써 재일본 한국인 사회의 화합과 번영을 도모하고, 한일 교류와 지역 발전에 기여하는 것이다. 한인회의 연도별 주요 활동 현황을 살펴보면 다음과 같다.[31]

표 4.15 재일본한국인연합회의 연도별 주요 활동

연도	주요 활동 내용
2000	12월: 재일 한국인사회를 생각하는 모임 결성
2001	5월: 일본한국인연합회 창립(초대회장 김희석) 6월: 재일본한국인연합회 초대 이사장 조한철 선출(10월 사임)

30 출처: 재일본조선인총련합회(1991); 정진성, "조총련 조직연구," 『국제 · 지역연구』 14권 4호 (2005), p. 46 재인용.

31 재일본한국인연합회의 활동에 대한 자세한 내용은 지충남, 『재일한인 디아스포라: 재일본대한민국민단과 재일본한국인연합회의 단체활동과 글로벌 네트워크』(파주: 마인드탭, 2015) 참조

연도	주요 활동 내용
2002	5월: 한인회 1주년 정기총회 개최 6월: 한인회 2주년 이사회 개최
2003	5월: 한인회 2주년 정기총회 개최(2대회장 김희석) 6월: 노무현 대통령과 동포 대표자와의 환담회 참석
2004	5월: 한인회 3주년 정기총회 및 이사회 개최 6월: 한인회 이사회 제3차정기총회 개최
2005	5월: 3대회장 조옥제 선출 6월: 한인회 특별위원회 구성(발전특위, 조직강화특위) 10월: 제6회 한인회 차리티 골프대회 개최 12월: '한일예술교류 2005' 개최
2006	7월: '한일우호 경제인 교류회 2006' 개최 10월: '제3회 오오쿠보 아시아 축제' 참가
2007	1월: 한인회 신년하례식 개최 6월: 한인회 특별위원회 구성(대외협력 특위) 7월: '본국의 법률개정에 따른 설명회 및 교민생활 설명회' 개최
2008	4월: 제11회 한인회 친선 골프대회 8월: 일본 공명당 국회의원, 중의원, 도쿄 도의원 한인회 방문 9월: '코리아 푸드 페스타' 2009 참석
2009	2월: 요코하마 차이나타운과 가와사키 코리아타운 시찰 3월: 신주쿠내 지역 단체들과 간담회 개최 6월: 신주쿠 한인 발전위원회 1차 회의 8월: 제64주년 광복절 중앙기념식전 참석, 재일 세계한인 상공인 연합회와 간담회 9월: '한일축제한마당 2009 in Tokyo' 참가 10월: 재일 단체장 간담회 11월: 재일 경제인 초청강연회((주)마루한 한창우 회장)
2010	1월: 외교통상부, 주일대한민국대사관 등과 간담회 2월: 민주당 재외동포산업추진단장 김성곤의원과의 간담회, 재일한인단체장 협의회 개최 3월: 신주쿠지역 조직범죄 예방을 위한 간담회, 신주쿠한인발전위원회 클린 활동 실시, 민단 중앙본부와 간담회 개최, 신주쿠 오오쿠보지역 한글게시판 설치 4월: 신주쿠지역 상점회, 초카이단체장과 간담회, 일본어교실 개강 7월: 한국무역협회 전북지부와 간담회, 관서지방 한인회 창립 준비 모임 개최, 순천 청암대와 MOU 8월: 2012 여수세계박람회 국제심포지엄 참가, 재일본관서 한국인연합회 창립총회 10월: '한일축제한마당 2010 in Tokyo' 참가 12월: 2010년도 한국 인재 설명회 참가

연도	주요 활동 내용
2011	1월: 신주쿠한인발전위원회 1월 클린활동 실시 2월: '국제화 시민포럼 in Tokyo' 참가 3월: 동일본 대지진 피해 지역에 구호물품 전담, 대한장애인체육회와 간담회 4월: 한국교회 희망봉사단 기금 전달식 5월: '한인회 창립 10주년 정기총회 및 기념행사' 개최, 신주쿠 다문화공생 전체 연락회의 참가, 신오오쿠보 상점가 진흥조합 간담회 참가, '한일축제 한마당 2011 in Tokyo' 1차 운영위원회 개최 6월: '동일본대지진 부흥지원 · 한일우호 챠리티 광장' 개최 7월: 동경한국학교, 한국태권도재단, 월드코리안신문 등과 간담회 9월: '다문화공생 페스타 신주쿠 2011' 참가 10월: 제30회 오오쿠보 축제 참가, '제1회 재일 한인경제인 네트워킹 강화' 간담회 11월: 제1회 한인회 친선 볼링대회 개최, 신주쿠한인발전위원회 11월 클린활동과 지역정화 계몽활동 실시, 현대 옻칠 디자인 교류전 「漆옻칠うるし: 옻의 재발견」 전시회 개최 12월: 신오오쿠보 캠페인 참가, '재일한국인의 자녀를 위한 글로벌 인재 교육 세미나' 개최, '제1회 재일한국인경제인대회' 참가
2012	1월: 여수 세계박람회 현장 시찰 2월: 2.8독립선언 제93주년 기념식 참가, 신주쿠 오오쿠보 지역 초카이 및 상점회와의 간담회 3월: 신주쿠소방서와 협정 체결, 한인회 신문 창간 준비위원회, 후쿠시마 봉사활동 4월: 여수세계홍보박람회 홍보 및 은퇴자도시 투자 설명회 개최 6월: 제2회 재일한국인 경제인대회 개최, 릿교대학 학생들과 간담회 7월: 월드옥타 제10기 재외동포 차세대무역스쿨 개교식 참가, 신주쿠 구청 나카야마 구청장 방문, 주일한국기업연합회 방문 8월: 대한민국 재향군인회 일본지회 창립 50주년 기념식 참가, 신주쿠 발전위원회 간담회 개최, 제1회 한인회 무료 요리교실 개최 9월: 일본내 반한데모로 인한 재일본한국인 안전 및 대응책 간담회 10월: 재일본유학생연합회 '한마음체육대회' 후원 및 참가 11월: 제3호 재일본한인회 신문 발행, 재일본 유학생 장학금 조성 한인회 챠리타 골프 대회 개최
2013	1월: 서울시 통상산업진흥원 수출 상담회 참가 2월: 한인회 2월 클린활동 실시 3월: KOTRA 동경 주최 재일한국인 유학생 취업 참가 8월: 제68주년 광복절 기념행사 참가 10월: 재일한국귀금속협회 친선 골프대회 참가 12월: 후쿠시마 가설주택 주민식사 초대

연도	주요 활동 내용
2014	1월: 주일대사관 K move 민간협의회 참석 2월: 신오오쿠보 영화제 발족식 참가 3월: 신오쿠보 드라마, 영화제 개막식 참가 4월: 신주쿠 다문화공생 네트워크 발족식 참가, 재외국민선거 개선 방안을 위한 간담회, 일한월드센타 개관식 참가, 제1회영호남향우회 자선 골프대회 주관 6월: 백진훈참의원과 간담회, 한일국교정상화 50주년 기념행사 참석 7월: 동경한국상공회의와 공동으로 미얀마투자설명회 개최 9월: 한일축제한마당 한식품 부스 운영 10월: 신주쿠 오쿠보 마츠리 퍼레이드 참가 12월: 한국 부경대학교와 MOU 체결, 제1회 재일한인사회 미래혁신포럼 개최, 중앙민단 주최 헤이트스피치근절 심포지움 참가
2015	1월: 주일대사관, 한국기업연합회, 동경민단중앙민단 합동신년회 참가, 제1회 한인회장상 청소년 글짓기대회 시상식 2월: 한일청소년무용교류회 참가, 한인타운 로고공모전 시상식 3월: 신주쿠 다문화공생연락회 회원 회의, 4월: 재외국민선거 개선 방안을 위한 간담회, KCON 2015 JAPAN F&B 운영 6월: 백진훈참의원과 간담회, 한일국교정상화 50주년 기념행사 참석, 일한친선협회 정기총회 참석 9월: 한일상속세 세미나 참가, 한일축제한마당 한식품 부스 운영 10월: 세계한인회장대회 및 세계한상대회 참가, 신주쿠 오쿠보 마츠리 퍼레이드 참가 11월: 제2회 글로벌리더육성 K-MOVE 스쿨 개최 12월: 동북지방재해민 초청 간담회, 재일한국인 경제인대회 참가, 재외국민선거100만인등록운동 일본본부 발족식 참가, 제2회 전일본 한국어스피치대회 개최
2016	1월: 한인회장상 청소년 글짓기대회 시상식 3월: 선거관리규정개정위원회 구성, 일한교류마츠리 실행위원회의 참가, 청년일본취업지원민간협의회 참가 5월: 신오쿠보상점가진흥회 정기총회 참석, 신주쿠 SNS 뉴스 다문화 방재 페스타신주쿠 참석 6월: 영호남향후회 공동자선골프대회 참석, 민주평화통일자문회의 참석 7월: 7월 클린활동, 동경옥타 차세대 무역스쿨 참석, 일한교류 마츠리 실행위원회 참가

출처: 재일본한국인연합회 홈페이지

한편, 2010년 8월에 일본 관서지역에 거주하고 있는 뉴커머 재일한인 사회를 대표하는 단체로써, '재일본관서한국인연합회'(관서한인회)를 결성했다.[32] 관서한인회는 관서지방 뉴커머의 권익신장과 위상 강화를 위해 다양한 활동을 전개하고, 다양한 커뮤니티 활동을 통해 다른 단체와의 연대 및 2세들의 한민족 정체성 확립을 위한 활동을 전개하고 있다. 보다 구체적인 사업방향을 보면, 첫째, 회원명부 작성 및 회보 발행; 둘째, 재일한국인의 친목과 협력을 위한 사업 또는 행사; 셋째, 재일한인과 지역사회와의 이해증진 및 친목도모를 위한 사업 또는 행사; 넷째, 재일한인의 권익옹호와 건전한 일본 정착을 위한 안내, 상담, 중재, 건의 등의 활동; 다섯째, 기존 재일한인의 각 단체와 연대, 협조하여 상호 교류와 발전에 따른 행사 및 활동; 여섯째, 재난 재해 등 비상사태시 관계 기관 등과 연대하여 회원의 안전 확인 및 지원 협력 사업; 일곱째, 일본 국내 지역 한국인회 결성을 적극적으로 추진 및 지원; 여덟째, 한·일간 및 대외적인 경제, 문화 교류를 위한 활동 등이다.

표 4.16 재일본관서한국인연합회의 연도별 주요 활동 내용

연월일	주요 내용
2010.9.29	창립총회 개최
2010.12.23	송년의 밤 개최
2011.5.22	동일본 대지진 피해 지원 챠리티 한마당 오사카 행사 공동 개최
2011.6.11	오사카 대학교 한국인 유학생회 교류회 개최
2011.8.28	제1회 친목 등반대회 개최
2011.9.19	제5차 이사회 및 제1기 정기총회 개최
2011.12.17	이명박 대통령 주최 동포 간담회 참가
2011.12.20	2011년도 송년회 개최
2012.12.22	2012년도 캘린더 제작 및 배포
2012.1.21	2012년도 신년회 개최
2012.4.5	2012 여수 세계 박람회 홍보 및 여수시 시니어 도시 유치 설명회 주최

32 이하의 내용은 재일본관서한국인연합회 홈페이지의 자료를 인용했음. http://www.kansaikorean.org/rule.php?me_code=1030(검색일: 2016.12.28)

연월일	주요 내용
2012.5.27	2012 한마당 in 오사카 공동 개최
2012.8.25	중부(나고야) 한인회 발족식 참가 및 한인회 워크숍 개최
2012.9.1	제1회 효도잔치 개최
2012.9.29	제7차 이사회 및 제2차 정기총회 개최
2012.12.22	2012년도 송년의 밤 개최
2013.2.25	박근혜 제18대 대한민국 대통령 취임식 참가
2013.4.26~5.6	제8회 식박람회 오사카 코리안타운 개최
2013.7.6	제1회 효도잔치 및 장학금 지원 챠리티 골프 컴피티션 개최
2013.7.25, 8.7	외국인 글로벌 멘토링 활동 지원 만찬회 개최
2013.8.22	관서 한인회 사무국 이전 기념 현판식 개최
2013.9.28	제3차 정기총회 개최 이형배 회장 취임
2013.10.12	니시키노하마 야유회 개최
2013.12.21	제2회 효도잔치 및 송년회 개최
2014.1.16	2014년도 신년회 개최
2014.4.13	관서한인회 친선 등반 대회 개최
2014.4.27	관서한인회 친선 낚시 대회 개최
2014.6.7	제2차 관서한인회 챠리티 골프 곰페 개최
2014.7.26	클린데이 실시
2014.8.7	서울대학생 한인회 사무국 방문 인터뷰
2014.8.15	제69회 광복절 행사 참가
2014.10.12	관서한인회 제4차 정기총회 개최
2014.12.22	관서한인회 송년의밤 개최
2014.12.30	관서한인회 이마자토 경로당 방문
2015.1.24	관서한인회 한식 페스티벌 개최
2015.2.11	관서한인회 설날 경로잔치 공동 개최

출처: 재일본관서한국인연합회 홈페이지

2) 재일한인의 미디어[33]

재일한인의 미디어는 올드커머와 뉴커머에 의해 발행되는 미디어로 구분해 볼 수 있다. 먼저, 올드커머들이 발행하는 미디어는 민단신문, 동양경제일보, 통일일보, 조선신보 등이다. 다음으로, 뉴커머들이 발행하는 미디어는 생활정보지가 주를 이루며, 한국인생활정보, 월간아리랑, 신동경, 그루터기 등이 있다.

(1) 민단신문

민단신문은 민단의 기관지로써, 민단의 전신인 '재일조선건국촉진청년동맹'의 기관지 '조선신문'으로 출발했다. 1946년 3월 10일자로 발행되었으며, 이후 신조선신문, 민단신문, 민주신문, 한국신문으로 변경되었다. 1996년 5월 1일자부터 현재의 명칭인 민단신문으로 발행되고 있다. 민단신문은 일본어판으로 매주 수요일 주간지로 발행되어 왔다.

2005년 10월 1일부터는 민단신문 한글판을 창간했는데, 이는 민단신문 일본어판의 주요 기사를 기본으로 하여 매월 1일 월간으로 발간되고 있다. 한글판이 창간됨으로써 언어적 한계를 해소하고, 모국과 다른 지역에 있는 동포들에게도 재일한인 사회의 소식을 전달할 수 있는 계기를 마련하였다.[34]

(2) 조선신보

조선신보는 조총련의 기관지로써, 1945년 민중신문으로 창간되어 1946년 해방신문으로 변경된 후, 1961년 1월 1일부터 현재의 명칭으로

---

33 한국언론재단, 『재외동포 언론 실태와 현황』(서울; 커뮤니케이션북스, 2007), pp. 101-103의 자료를 발췌함.

34 재외동포신문, 2005.09.30, http://www.dongponews.net/news/articleView.html?idxno=6571(검색일: 2016.12.22)

발행되고 있다. 조선신보는 북한의 정치·경제·생활 소식과 한국 소식, 시사 해설, '조총련' 사업과 민족·교육·문화·체육 소식, 경제·경영 소식, 재일동포 소식 등을 주요내용으로 하고 있다. 현재 하드 뉴스(정치·경제 등)는 한국어(1~4면), 소프트뉴스(문화·체육 등)는 일본어(5면~8면)로 총 8페이지의 1만 5,000부를 주 3회(월·수·금) 발행하고 있다.

2013년 현재 공식적 발행부수는 5만부로, 일본 내에서 한글로 발행되고 있는 신문 중 가장 많은 부수를 발행하고 있다.[35]

(3) 통일일보

통일일보는 1959년 1월 1일 조선신문으로 창간되었으며, 1959년 11월 20일자부터 통일조선신문으로 변경된 후 1973년 9월 15일부터 현재의 명칭으로 발행되고 있다. 통일일보는 남북통일을 최대 목표로 설정하여 한반도의 정치·경제·사회 관련 기사를 중심으로 게재하고 있다. 통일일보는 민단신문과 조선신보와 달리, 재일한인(이영근, 원심창)이 직접 창간하였다는데 의의가 있다.[36]

(4) 동양경제일보

동양경제일보는 1946년 4월 1일 일본어로 창간되었다. 재일한인사회에서 유일한 경제전문지이며, 한일 양국의 우호 친선을 도모하기 위하여 문화·스포츠 교류의 확대와 재일한인사회의 생활·문화 향상 등에 관한 기사에도 주력하고 있다.

동양경제일보는 한·일 경제전문지로 한국의 경제와 정치사정 등을 특집과 임시증간호를 연간 20회 발간할 정도로 열성적으로 활동하였다. 특

35 한국민족문화대백과사전, http://encykorea.aks.ac.kr/Contents/Index?contents_id=E0073574(검색일: 2016.12.22)

36 한국민족문화대백과사전, http://encykorea.aks.ac.kr/Contents/Index?contents_id=E0073574(검색일: 2016.12.22.)

히 한·일 무역의 종합지침서 역할을 하는 『동양회사연감』을 발행하여 한국의 상장기업과 유력기업 약 4천개 회사의 최신 데이터를 비롯하여 각종 통계자료와 저명한 인물의 인명록 등 다방면에 걸쳐 한국을 일본 업계에 소개하고 있다.[37]

(5) 뉴커머의 미디어

1980년대 해외여행 자유화 조치 이후 일본으로 이주한 뉴커머의 대표적인 미디어는 생활정보지이다. 최초의 뉴커머 생활정보지는 '한국인생활정보'(1990년 3월)이며, 이후 '월간아리랑'(1992년 3월), '신동경'과 '그루터기'(1993년 7월) 등이 계속 창간됐다. 뉴커머 미디어, 즉 생활정보지의 대부분은 무료로 제공되며 광고 수입으로 운영되고 있다.

3) 오사카지역 재일한인의 사회정착기제[38]

(1) 가족 및 친척 네트워크

오사카 이쿠노쿠 재일한인사회의 가장 큰 특징은 제주지역 출신이 가장 많다는 것이다.[39] 이러한 원인은 무엇보다 1923년에 제주도와 오사카 사이를 연결하는 '기미가요마루(군대환)'라는 정기 여객선이 운항되었기 때문이다. 당시 조선인들은 이쿠노쿠의 히라노 운하 건설공사 현장을 중심으로 모여 살기 시작했고, 이 지역에 거주하게 된 가족과 친척, 그리고 친구들을 근거지로 삼아 더 많은 제주인들이 연쇄 이주하여 정착하게 되었

---

37 한국민족문화대백과사전, http://encykorea.aks.ac.kr/Contents/Index?contents_id=E0073574(검색일: 2016.12.22)

38 선봉규, "일본오사카 재일한인의 현지 사회적응양상에 관한 연구: 사회적 네트워크를 중심으로," 『인문사회 21』 제7권 4호(2016)에서 부분적으로 발췌함.

39 오사카 이쿠노쿠의 인구는 2009년 현재 약 13만 천 5백 명이다. 이 중 외국인 등록자 수가 약 3만 7백 명이며, 한국 · 조선적의 재일한인은 약 2만 8천 6백 명으로 이쿠노 구민 전체 인구 중 21.3%를 차지하고 있다. 특히 재일한인 2만 8천 6백 명 중 1만 5천여 명이 제주 출신으로 추정되고 있다. 『제주일보』, 2010/07/26.

다.[40] 또한 1945년 해방 이후 한반도에서 복잡하고 어수선한 정치상황도 주요 배경이 되었다. 즉, 제주도에서 일어난 4·3항쟁으로 제주도민들이 탄압을 피해 이곳으로 이주하게 되었다. 이쿠노쿠에 거주하고 있는 재일한인들의 가족 및 친척 네트워크 활용을 보면 아래와 같다.

> 제주도에서 4·3사건으로 부모님이나 가족, 친척들이 다 죽으니까 조카 셋, 사촌 셋 등 여섯을 데리고 밀항을 세 번 실패하고 네 번째 일본에 도착했어요. 일본에 도착은 했는데 밀항을 단속하는 경찰에 걸려서 오무라 수용소에 가서 다섯 달 살고. 그래 나중에 아버지 친구들이 일본에 많이 있었으니까 그분들이 보석금 대신 내주고 하니까 나를 풀어줬어요. … 미싱 일하다가 병이 나서 못하고 건국학교 선생님의 도움으로 작은 찻집을 했어요. 10평짜리 헌집을 새로 지으려고 하니까 그 집이 건국학교 선생님네 집이에요. 근데 그 선생님이 불쌍하다고 막 싸게 해가지고 나를 줬어요. 돈이 부족해서 못 짓고 있는데 아버지 친구들이 은행에 보증을 해줘가지고 집을 짓고 찻집을 하게 되었어요.[41]

오사카 이쿠노쿠 재일한인 중 일부는 친구들의 도움으로 거주지역 뿐만 아니라 다른 지역으로까지 진출하여 자신의 삶의 영역을 확장하기도 했다. 아래의 인터뷰 자료는 이를 확인할 수 있다.

> 이쿠노쿠에 있는 한국 사람들 중 일부가 홍콩으로 보따리 장사하러 가게 되었는데 나도 한번 같이 하자고 부탁하니까 가게 되어서 한 5년 다녔어요. 한 달에 한 번도 가고 두 번도 가고 그래서 돈을 많이 벌었어요. 그러다가 나중에는 서울이랑 부산도 가게 되었어요. 말도 잘 안통하고 그러니까 아는 사람들이랑 같이. 2년 해서 딱 치웠어요.[42]

---

40 임채완 · 선봉규(2014), p. 143.

41 인터뷰: (이ㅇㅇ/여/78세)

42 인터뷰: (이ㅇㅇ/여/87세)

(2) 종교 및 사회단체 네트워크

오사카 재일한인들은 지역사회에 안정적으로 적응, 정착하는데 사회복지단체와 교회, 사회단체 등을 결성하여 적절히 활용하고 있다.

① 성공회 이쿠노센터

오사카 이쿠노쿠에 있는 성공회 이쿠노센터는 단순한 선교 역할에서 벗어나 1992년부터 지역복지 활동 센터로써 활동을 전개하고 있다. 자세한 활동 사항은 아래와 같다.

> 이쿠노센터는 처음에서 지역운동 차원에서 어려운 상황에 살고 있는 분들을 돕거나 교육프로그램을 수행하는데 주안점을 두었어요. 그러다가 사회선교 또는 사회운동 차원에서 우리 재일동포 특히나 제주인들의 피할 수 없는 역사인 4·3사건에 대한 활동을 96년도부터 시작했어요. 4·3때 작은아버지를 포함해 친척 5명이 돌아가셨어요. 그리고 정신 장애인을 대상

사진 4.3 성공회 이쿠노센터

으로 사회복지사업을 하고 있고, 8년 전 부터는 동네 할아버지들 모임을 만들어서 진행하고 있어요.[43]

성공회 이쿠노센터의 활동 중에서 주목할 만한 점은 지역에 살고 있는 재일한인이나 일본인들을 대상으로 매주 월, 수, 금 세 차례에 걸쳐 점심식사를 제공하고 다양한 놀이를 체험할 수 있게 한다. 그러나 대부분의 이용자들은 20여 명의 재일한인 어르신들이다. 왜냐하면 제공되는 점심식사가 주로 한국 음식이고, 한국말을 사용하다 보니까 나이 많은 일본 어르신들이 한국말을 잘 못하거나 한국 음식을 먹기 힘들기 때문이다.

성공회 이쿠노센터 이외에도 오사카교회에서 매주 화요일에 노인대학을 운영하고 있다. 이 노인대학에는 재일한인 뿐만 아니라 일본인들도 함께 참여하고 있다. 11시부터 한 시간 정도 노래를 부르고 점심식사 후

사진 4.4 오사카교회 노인대학

43 인터뷰: (오ㅇㅇ/남/57세)

오후에는 한글공부를 운영하고 있다.

요컨대, 오사카 재일한인들은 사회복지단체 및 교회에서 운영하는 여러 프로그램들을 통해 같은 민족으로서 정서를 공유하고, 지역 내 일본인과의 교류와 소통을 지속적으로 이루고 있음을 알 수 있다.

② 코리아NGO센터

오사카 재일한인들은 지역사회에 안정적으로 적응, 정착하기 위해 특정비영리법인인 코리아NGO센터를 설립하였다. 이 단체는 2004년 3월 27일에 재일한국민주인권협의회, 민족교육문화, 원코리아페스티벌실행위원회 등 세 단체가 통합하여 만들어졌다. 코리아NGO센터는 재일한인의 민족교육권의 확립과 재일한인 사회의 풍부한 사회 기반 창조, 동아시아에 있어서의 코리안 네트워크의 구축, 다민족·다문화 공생 사회의 실현, 재일한인과 일본간의 시민·NGO의 교류·협력 사업 전개, 남북 코리아의 통일과 동아시아 공동체 형성 등을 목적으로 활동하고 있다. 특히 코리아NGO센터는 재일한인의 민족교육권 확립 차원에서 오사카지역 소·중학교에서 민족학급과 민족클럽을 운영하고 있다.[44] 오사카시립 소학교에 재적 중인 재일한인 아동 수는 1,633명이며, 민족학급에 다니고 있는 아동 수는 1,020명에 이른다. 오사카시에서는 재일한인의 민족교육 실시에 필요한 예산을 지원하고 있는데, 대표적으로 국제이해교육의 민족강사 및 시간강사의 급여 및 교통비 등을 지급하고 있다.[45] 최근 한국 정부에서도 오사카 민족학급 및 민족클럽 운영에 필요한 예산을 지원하고 있다.[46]

최근 재일한인 사회에서 나타나고 있는 현상으로 재일한인과 일본인

---

44 민족학급은 일본 국 · 공립학교에 다니는 재일한인 자녀들의 '방과후 학급'을 말하며, 민족클럽은 일종의 동아리로 민족의 역사와 문화, 예술을 배우는 학생들의 모임이다.

45 임채완 · 선봉규(2014), p. 147.

46 한국 정부는 2011년부터 민족학급 지원 사업을 시작했으며, 약 10억 원을 지원하고 있다. 중앙일보, 2013.07.06.

간의 결혼이 급증하고 있다. 또한 일본에서 한국 국적을 유지하면 주택이나 금융, 취직 등에서 불편함이 크기 때문에 일본 국적을 취득하는 경우가 늘고 있는 추세이다.

> 최근 재일한인 사회에서 세대가 변화됨에 따라 국적에 관한 생각이 많이 달라지고 있어요. 옛날에 국적은 우리 민족을 상징하는 것인데, 젊은 세대들은 실용주의적 감각으로 국적을 바꾸려고 하며, 1세들은 민족을 배신하는 것이라고 여기고 있어요. 일본에서 1세들의 삶은 기댈 곳도 없이 부초처럼 살아오면서도 마음을 다스리고 스스로 자존심을 간직하는 것이 바로 국적이야말로 마지막에 남아 있는 우리의 상징이라고 생각한 거에요.[47]

오사카 재일한인사회에서 1, 2세들의 자기 희생은 재일한인에 대한 일본사회의 인식 변화를 가져다줌으로써 3세들이 자기 자신의 성공을 위해 투자하는데 밑거름이 되었다. 그런 점에서 재일한인 3세들은 내가 살아가는데 국가에 구애받지 않아도 되고, 내가 개척해 나가는 것이 중요하다는 실용적 감각을 갖게 된 것이라 볼 수 있다. 이러한 재일한인사회의 변화에도 불구하고 코리아NGO단체를 중심으로 민족의 언어와 문화를 유지, 계승하려는 노력은 지속되고 있다.

③ 에덴다방

에덴다방은 오사카 이쿠노쿠 모모다니에 있는 카페이다. 지역에 거주하는 재일한인 할머니들의 쉼터 역할을 하고 있다. 주로 아침 일찍 문을 열기 때문에 조식을 하러 오는 할머니들이 많이 찾고 있다. 이곳은 토스트와 샐러드, 삶은 달걀, 그리고 커피를 마시면서 서로의 안부를 묻고 확인하는 장이 되고 있다.

---

47 인터뷰: (김○○/남/44세)

사진 4.5 에덴다방

이 다방은 50년이 넘었어요. 마마가 마음이 좋아요. 오늘은 목욕하고 여기에 왔어요. 1주일에 한 번 정도 나오고. 양복공장 할 때 여기 커피를 많이 시켜 먹었어요.[48]

여기 마마님이 한 동네 사람이야. 커피도 먹고 한 달에 한 번 식사도 하고. 한국에서 못한 일 우리는 일본에서 하고 살고 있어요.[49]

이제는 몸이 아파서 오전에만 일하고 집에 가요. 근데 오전에 커피 나르고, 이렇게 와서 얘기 나누고, 아는 사람들 와서 놀다 가고 좋아요.[50]

특히 이곳은 올드커머와 뉴커머들이 상시 접촉하는 곳으로써 정보를 공유하면서 사회적 관계를 형성하기도 한다. 때로는 한국에서 온 관광객들이나 연구자들이 방문하여 할머니들의 말벗이 되고, 자연스럽게 모국의 정보를 공유하기도 하며, 자신들의 삶을 회고하는 시간을 갖기도 한다.

---

48 인터뷰: (윤ㅇㅇ/여/89세)

49 인터뷰: (이ㅇㅇ/여/87세)

50 인터뷰: (이ㅇㅇ/여/78세)

④ 민족학급

최근 재일한인 사회에서 나타나고 있는 현상으로 재일한인과 일본인 간의 결혼이 급증하고 있다. 또한 일본에서 한국 국적을 유지하면 주택이나 금융, 취직 등에서 불편함이 크기 때문에 일본 국적을 취득하는 경우가 늘고 있는 추세이다.

> 최근 재일한인 사회에서 세대가 변화됨에 따라 국적에 관한 생각이 많이 달라지고 있어요. 옛날에 국적은 우리 민족을 상징하는 것인데, 젊은 세대들은 실용주의적 감각으로 국적을 바꾸려고 하며, 1세들은 민족을 배신하는 것이라고 여기고 있어요. 일본에서 1세들의 삶은 기댈 곳도 없이 부초처럼 살아오면서도 마음을 다스리고 스스로 자존심을 간직하는 것이 바로 국적이야말로 마지막에 남아 있는 우리의 상징이라고 생각한거에요.[51]

사진 4.6 오사카 이쿠노쿠 민족학급의 학생들

51 인터뷰: (김ㅇㅇ/남/44세)

재일한인 사회에서 1, 2세들의 자기희생은 재일한인에 대한 일본사회의 인식 변화를 가져다줌으로써 3세들이 자기 자신의 성공을 위해 투자하는데 밑거름이 되었다. 그런 점에서 재일한인 3세들은 내가 살아가는데 국가에 구애받지 않아도 되고, 내가 개척해 나가는 것이 중요하다는 실용적 감각을 갖게 된 것이라 볼 수 있다.

이러한 재일한인 사회의 변화에도 불구하고 여전히 민족의 언어와 문화를 유지, 계승하려는 노력이 지속되고 있다. '코리아NGO센터'에서는 재일한인의 민족교육권 확립 차원에서 오사카지역 소·중학교에서 민족학급과 민족클럽을 운영하고 있다.[52] 오사카 시립 소학교에 재적 중인 재일한인 아동 수는 1,633명이며, 민족학급에 다니고 있는 아동 수는 1,020명에 이른다. 오사카시에서는 재일한인의 민족교육 실시에 필요한 예산을 지원하고 있는데, 대표적으로 국제이해교육의 민족강사 및 시간강사의 급여 및 교통비 등을 지급하고 있다.[53] 최근 한국 정부에서도 오사카 민족학급 및 민족클럽 운영에 필요한 예산을 지원하고 있다.

⑤ 재일본 제주도 4·3사건 희생자 유족회

일본에서 제주 4·3항쟁의 진상규명 운동이 본격적으로 시작된 것은 1987년이다. 앞서 살펴보았듯, 오사카 이쿠노쿠는 제주도 출신들이 상당수를 차지하고 있다. 제주－오사카 정기여객선 개설과 함께 4·3사건의 영향 때문이다. 제주도 출신 유학생들이 중심이 되어 '제주도 4·3사건을 생각하는 모임'이 결성되었다. 이 단체가 결성된 이후 일본에서는 도쿄와 오사카에서 제주 4·3항쟁의 진상을 알리고 규명을 요구하는 행사가 개최되고 있다. '재일본 제주도 4·3사건 희생자 유족회'는 2000년에 결성되었

52 민족학급은 일본 국·공립학교에 다니는 재일한인 자녀들의 '방과후 학급'을 말하며, 민족클럽은 일종의 동아리로 민족의 역사와 문화, 예술을 배우는 학생들의 모임이다.

53 임채완·선봉규(2014), p. 147.

으며, 주로 4·3항쟁의 2세들이 회원으로 가입하여 활동하고 있다. 아울러 일본에서 제주 4·3항쟁의 진상 규명 운동이 가능한 또 다른 원동력은 일본인들의 적극적인 참여를 빼놓을 수 없다.[54]

오사카 이쿠노쿠에서 '제주 4·3사건 희생자 위령제'는 1996년부터 시작되었으며, '재일본 제주 4·3사건유족회'와 '제주도4·3사건을생각하는 모임'이 주관하여 매년 개최되고 있다. 또한 4·3사건 유족회원들은 제주에서 열리는 4·3사건 희생자 위령제에 참가하기도 한다.

이 위령제에는 일본에 거주하고 있는 재일한인뿐만 아니라 제주도 '제주 4·3평화재단' 관계자도 참석하여 아픔을 같이 나누고 있다. 반대로 일본 오사카 4·3사건 유족회원들과 관계자들은 제주에서 열리는 4·3사건 희생자 위령제에 참가하기도 한다. 오사카 이쿠노쿠 재일한인들은 이 위령제를 통해 디아스포라적 위치에서 4·3사건에 대한 기억을 재현하고 있으며, 모국과의 교류 및 소통을 이루는 계기가 되고 있다.

> 작은 아버지가 4·3때 총사령관으로 이름 낸 것 때문에 우리 집안이 다 망했어요. 그것이 제일 가슴 아파요. 이곳에서 내가 살아온 경험을 말하는데 왜 그러느냐 그러면 내가 빨갱이냐고 하고 그랬어요. 그래도 여기에서는 차별 안 받고 잘 살고 있어요. 최근에는 4·3사건 때문에 알려져서 제주도에 있는 대학교 선생님들이 찾아오고 고향에 꼭 방문해달라는 말도 하고 그래요.[55]

2008년에는 제주 4·3항쟁 60주년을 기념하기 위해 '4·3 60주년기념사업추진위원회' 초청으로 재일한인들은 60년 만에 제주에서 특별한 날을 보냈다. 이 모국방문은 4·3을 체험한 1세, 4·3으로 유족이 된 2~3세, 일

54 아시아뉴스, 2015.04.20., http://asianews.seesaa.net/article/436577462.html(검색일: 2016.12.23.)

55 인터뷰: (이ㅇㅇ/여/78세)

본에서 4·3진상규명운동을 해 온 사람들, 4·3운동을 지원하거나 4·3을 공부하는 일본인 등 144명이 참가하였다. 이들은 2박 3일 동안 제주 4·3 평화공원을 방문하고, 4·3 60주년기념 전야제, 4·3 60주년 기념행사 등에 참가하였다.[56]

요컨대, 오사카 재일한인들은 제한적이지만 모국과의 연계를 끊임없이 시도하고 있으며, 이를 통해 자신의 트라우마를 치유하고, 모국의 사람들과 정체성을 확인하고 공유하려는데 노력하고 있음을 알 수 있다.

사진 4.7 제66주년 재일본 제주 4 · 3사건 위령제

56 문소연(2013), pp. 6-10.

제5장 카자흐스탄 고려인의 현지적응과 정착기제

1. 고려인사회의 변화: '러시아화'에서 '카자흐화'로

카자흐스탄은 면적으로 볼 때 세계에서 아홉 번째로 큰 나라이며, 130여개의 민족으로 구성된 다민족국가이다. 소련 해체 이후 카자흐스탄 정부는 한편으로는 민족 간의 평등을 주장하며 다민족 중심주의적 입장을 취하고 있다. 다른 한편으로는 카자흐 민족국가 건설을 위한 권력구축과 경제적 부의 분배 과정에서 카자흐인을 선호하고 특별한 지위를 부여하는 '카자흐화' 정책을 광범위하게 추진하고 있다. 구체적으로 카자흐스탄 정부의 카자흐화 정책을 살펴보면 다음과 같다.

첫째, 카자흐스탄 국가 기관의 카자흐화이다. 카자흐스탄 정부는 1991년 독립 직후부터 카자흐인의 민족의식을 강화하는 정책을 취한 바, 1994년 이미 정부 부처와 대통령궁의 주요 행정 관료 중 약 80% 이상을 카자흐인이 독점하였다. 2000년에는 카자흐인의 권력 독점화가 더욱 심화되어 국가 행정 부처에서 러시아인이 차지하는 비중은 단지 8%에 불과하였다.[1] 더욱이 카자흐스탄 하원의 총 77석 중 카자흐인이 58석을 차지하여 압도적 다수를 차지하였으며, 14개 주지사직의 대다수도 카자흐인으로 임명되었다.[2] 2007년에 카자흐스탄 선거법이 개정되어 하원 의석이 77석에서 107석으로 증가했다. 2012년에는 카자흐스탄 하원 107석 중 카자흐인이 76석을 차지했으며, 러시아인 21명, 독일인 2명, 나머지는 벨라루스인, 발카르인, 고려인[3], 우크라이나인, 위구르인, 우즈베크인 등이 진출해 있다.[4]

둘째, 카자흐어의 국가언어 지정이다. 중앙아시아의 각 국가들은 과거 소련 지배의 유산을 청산한다는 의미에서 자신들의 민족어를 국가의 공

---

1 손영훈, "카자흐스탄의 '러시아인 문제'와 카자흐화 정책," 『중동연구』 25-2(2006), p. 134.

2 http://www.centrasia.ru/newsA.php?st=1074842940(검색일: 2015.02.05)

3 김로만 의원으로, 현재 고려인협회 회장을 맡고 있다.

4 http://www.parlam.kz(검색일: 2015.02.05)

식 언어로 선포했다. 그러나 이러한 정책은 국가 내에 거주하고 있는 수많은 소수민족들의 반발을 사고 있다.[5] 소비에트시기 러시아어를 사용했던 소수민족들은 새로운 언어를 배워야 하는 어려움에 직면하게 되었으며, 이는 그들에게 정치, 경제, 사회적으로 불이익과 불평등이 따른다는 것을 의미한다. 그러나 여전히 정치적·경제적 영향력을 행사하고 있는 러시아가 중앙아시아 각 국가의 이러한 정책에 노골적인 불만을 드러내어 중앙아시아 각 국가들의 민족어 공식 언어 정책은 주춤하게 되었다.

카자흐스탄은 독립초기에 주변 중앙아시아 국가들과 마찬가지로 카자흐인 중심의 민족주의 정책을 추진했지만, 자국에 거주하고 있는 러시아인의 반발에 의해 1997년에 수도를 러시아인들이 많이 살고 있는 북부지역의 아스타나로 옮기게 되었다. 아울러 카자흐스탄은 러시아어를 공용어로 채택하고, 민족 간의 의사소통 언어로 러시아어를 지정하는 등 언어에 대해 다소 유화적인 정책을 시행하고 있다.[6] 이러한 정책의 배경에는 러시아의 압박도 있지만, 무엇보다 카자흐인들의 카자흐어 사용과도 연계되어 있다. 즉 카자흐인들은 카자흐어보다는 러시아어를 더 많이 사용하고 있으며, 1990년대 카자흐인들 중 약 25－40%가 카자흐어를 구사할 수 없는 것으로 나타났다. 현재 카자흐스탄 정부는 카자흐어를 사용하는 것을 권장하고 있으며, 정부의 모든 문서는 카자흐어로만 작성되도록 하고 있다. 그러나 카자흐스탄에서 방송되는 각종 언론매체는 현재 카자흐어

---

5 우즈베키스탄은 1992년 12월 8일 공포된 헌법에서 우즈베키스탄 공화국의 국어는 우즈벡어로 한다고 명시하고 있다. 다른 주변국들과는 달리 우즈베키스탄은 전체인구의 80%가 우즈벡인이라는 점에서 소수민족에게 중요한 장애요인이 되고 있다. 성동기, "구소련 붕괴 후 우즈베키스탄과 카자흐스탄에 나타나는 고려인의 실태 비교," 『비교문화연구』 17(2005), p. 55.

6 신양섭(2003), p. 29. 카자흐스탄의 언어정책의 변화 과정을 간략히 살펴보면 다음과 같다. 1987년에 '카자흐어 학습 장려안'이 의회에 통과되면서 민족어의 교육과 확산에 대해 관심을 갖기 시작했으며, 1989년 9월 22일에 언어법이 통과되어 카자흐어가 러시아어와 함께 공용어로 격상되었다. 카자흐스탄은 1990년 6월에 '2000년까지 공화국내에서 카자흐어와 다른 언어의 발전에 대한 시행령'을 통과시키고, 1991년 독립 선언 이후 1993년 헌법에서 카자흐어를 공식어로 규정했다. 김혁, "실증적 분석을 통한 중앙아시아 언어지위의 재구성 연구: 카자흐스탄, 우즈베키스탄을 중심으로," 제2차 중앙아시아 국내학술대회 자료집(2010), p. 95.

와 러시아어를 공용으로 사용하고 있으며 카자흐스탄의 신문방송 언어는 카자흐어보다 러시아어를 더 선호하고 있다. 또한 아직도 국민의 대부분은 러시아어를 사용하는 것이 일반적이다.

이러한 사실은 중앙아시아 국가의 주류민족의 인구 분포와 관련되어 있다. 특히 우즈베키스탄은 인구의 절대 다수가 우즈벡인[7]이라는 점에서 우즈벡어가 많이 사용되고 있는 반면, 카자흐스탄의 경우는 카자흐인의 인구가 상대적으로 적은 편이다.[8] 카자흐스탄은 1997년 이후 카자흐인이 다수민족이 될 정도로 인구 구성측면에서 매우 불리한 점을 안고 있었다.

표 5.1 카자흐스탄 주요 민족의 인구 변화 추이(단위: 명)

구분	1989년	1999년	2014년
카자흐인	6,534,616	7,985,039	11,244,547
러시아인	6,227,549	4,479,620	3,685,009
우즈베크인	332,017	370,663	521,252
우크라이나인	896,240	547,052	301,346
위구르인	185,301	210,365	246,777
타타르인	327,982	248,954	203,108
독일인	957,518	353,441	181,928
고려인	103,315	99,665	105,400
기타	899,926	658,200	671,407
합계	16,464,464	14,952,999	17,160,774

출처: 파르피에브 스름, "위구르인의 민족정체성 연구: 카자흐스탄의 민족정책과의 상관성을 중심으로," 전남대학교 대학원 디아스포라학협동과정 석사학위논문(2015), p. 16.

---

7 성동기(2005), p. 64. 우즈베키스탄의 인구는 2009년 현재 약 2,760만 명으로 추정되고 있다. 이 중 우즈벡인은 80%에 달하며, 타지크인 5%, 러시아인 3.7%, 카자흐인 3.6%, 고려인 0.6% 등이다. 러시아인은 1989년 통계에 따르면 35%였으나 2009년에는 3.7%로 대폭 감소하였다. http://ko.wikipedia.org/(검색일: 2014.11.05)

8 카자흐스탄에서 카자흐인과 러시아인의 인구 구성 변화를 보면 다음과 같다.

	1959년	1970년	1979년	1989년	1999년
카자흐인	30.3%	32.6%	36.0%	40.1%	53.4%
러시아인	42.7%	42.4%	40.8%	37.4%	29.9%

출처: 김혁(2010), p. 96에서 재인용.

카자흐스탄 언어법 제4조에 의하면, "카자흐스탄의 국가어는 카자흐어이다"라고 명시되어 있다. 또한 "국어는 행정, 법령, 공문서, 공공단체를 비롯하여 사회의 모든 분야에서 사용되는 언어이다. 국가어를 향유하는 것은 카자흐스탄 국민의 의무이며, 국어는 카자흐스탄 국민을 통합하는 중요한 도구이다. 국어를 백방으로 발전시키고 국제적 영향력을 높이는 것, 해외에 거주하고 있는 카자흐인들의 카자흐어 유지에 가능한 모든 도움을 주는 것은 정부, 행정부, 지방행정부와 집행기관들의 의무"라고 명시하고 있다.[9] 특히 최근 2013년 12월 나자르바에프 대통령은 교육포럼에서 "국민은 앞으로 3개 국어를 배워야 한다"면서 영어를 공식 언어로 채택할 것을 밝혔다.[10] 이러한 언어정책의 변화는 러시아어를 주로 사용하고 있는 고려인들에게 많은 어려움을 가져다 줄 것으로 보인다.

셋째, 카자흐스탄은 특정 민족집단의 정치적 권리에 대해서 엄격히 제한하고 있다. 1995년 헌법에서 민족의 다양성을 인정하고 국가내 거주하는 모든 주민들에게 언어를 포함한 다양한 권리를 부여했지만, 특정 민족집단의 정치적 권리는 인정하지 않았다. 카자흐스탄은 민족에 기반을 둔 정당의 조직을 금지하는 법이 2000년부터 시행되고 있다.[11] 특히 카자흐스탄은 민족 간 갈등을 막고 민족의 의견을 정책에 반영하고자 하는 장치로 '카자흐스탄 민족회의(이하 민족회의)'를 설립하여 운영하고 있다.[12] 민족회의는 1995년에 창설되어 대통령이 의장이며, 대통령에 대한 자문역을 하는 헌법 기구이다. 민족회의는 국가기관, 민족단체 및 기타 사회단체의 대표로 구성되고, 2011년 현재 모두 350명의 회원을 가지고 있다. 민족회

9 http://www.kaznu.kz/ru/1969(검색일: 2014.11.20)

10 『연합뉴스』, 2013.12.01.

11 현승수, "다민족 국가 카자흐스탄의 소수민족 정책: 체첸인구시인 디아스포라의 사례," 『러시아연구』 24-1(2014), p. 252.

12 고려인의 경우, 현재 고려인협회 김로만(고려인3세) 회장이 카자흐스탄 민족회의 대표의원이면서 2012년 총선에서 하원의원으로 당선되었다.

의는 카자흐스탄내의 모든 민족이 동등한 정치 참여의 기회를 제공한다는 이미지를 만들어내는데 이용되고 있으며, 의회 내에서 민족의 대표성을 제도화한다는 의미에서 민족회의 회원들을 의회에 진출시키고 있다.[13] 2007년 개정 헌법에 따르면 민족회의는 상원과 하원에 각각 8명과 9명의 대표를 보낼 수 있게 되었다. 이러한 결과로 카자흐스탄에는 특정 민족의 분리, 독립운동이 나타나지 않고 있다. 민족회의는 다음과 같은 기능을 가지고 있다. 첫째, 각 민족의 문화, 언어 및 전통에 대한 부흥 및 선전 진흥하는 것; 둘째, 카자흐스탄 및 국가에 대한 애국심의 사고 형성; 셋째, 민족들 간의 관계를 강화시키는 것; 넷째, 각 민족 그룹의 구성원 사이의 우호관계에 대한 권고를 개발하는 것이다.

요컨대, 민족회의는 체제이행기 카자흐스탄 사회의 민족적 갈등을 예방하는 차원에서 각 민족의 조직들을 감독하고 조율하는 역할을 하고 있으며, 이들에게 다양한 인센티브를 제공하여 친정부적 활동내지 친정권의 후보를 지지, 선전하는 활동을 유도하고 있다.

2. 고려인의 사회적응 및 차별, 삶의 만족도

고려인의 사회적응에 있어 가장 주목할만한 점은 그들의 삶이 다민족 환경에서 이루어져 왔다는 것이다.[14] 즉 고려인의 삶은 다양한 민족들과 끊임없는 접촉과 교류가 이루어졌으며, 이것은 거주국사회의 민족적 환경에 대해 유연한 태도를 가지게 된 주요 배경이 되었다. 고려인은 러시아, 중앙아시아, 그리고 유럽 등 다양한 지역, 다양한 민족의 문화와 접촉, 교

13 현승수(2012), pp. 125-126.

14 한발레리, "중앙아시아 고려인의 적응 및 사회적 지위, 그리고 성공." 『디아스포라연구』 제5권 2호(2011), p. 155.

류하게 되었다. 이러한 고려인의 경험은 거주국사회에서 훌륭한 적응의 수단이 되었고, 다른 민족들과 좋은 관계를 유지하는 기반이 되었다.

1) 언어 소통 능력

일반적으로 디아스포라의 사회적응과 관련하여 가장 필수적인 요소는 언어 능력일 것이다. 언어는 사회 구성원들과 의사소통의 필수요소이며, 거주국의 문화를 수용하는데 필요한 요소이다. 언어 능력이 떨어지게 되면 거주국사회의 새로운 문화와 가치 습득, 그리고 구성원과의 관계 형성에 장애가 되면서 현지사회의 주변인이 될 것이며, 일상생활 전면에서 많은 어려움을 겪게 된다.

우선, 응답자의 언어 구사력 수준을 살펴보면 다음과 같다. 〈표 5.2〉에서 보는 바와 같이, 고려인들은 러시아어 구사 수준이 가장 높은 것으로 나타났으며, 다음으로 고려말 구사 수준이 현지어인 카자흐어보다는 약간 높은 것으로 나타났다.[15]

표 5.2 언어 구사 수준

언어	언어 구사 수준				
	매우 못함	조금 못함	보통	조금 잘함	매우 잘함
러시아어	0.6	5.7	11.9	-	81.8
카자흐어	45.9	46.5	5.0	2.5	-
고려말	41.5	30.8	17.0	6.3	4.4

최근 고려인사회에서 대두되고 있는 현상 중에 주목할만한 점은 젊은 세대들의 모국어 사용, 민족문화 및 풍습 등을 거의 상실해가고 있다는 것

15 이러한 사실은 윤인진(2014)의 연구와 비슷한 결과를 보이고 있다.

이다. 이중에서도 고려말을 거의 하지 못하는 것이 가장 큰 문제로 지적되고 있다.

요즘 젊은 고려인들이 한류에 관심은 많지만 카자흐스탄 젊은이보다 한국어를 배우는데 적극적이지는 않아요. 왜냐하면 동기가 없어서 그래요. 영어나 카자흐어를 많이 배우고 있어요.[16]

아들 둘이 있는데 한국말이 싫다고 해요. 내가 한국말을 잘 하는데도 별 관심이 없어요. 젊은 고려인들 중 한국에 관심은 있지만 많지는 않아요. 대학졸업해서 좋은 일자리 찾는데 열중해요. 고려인 문화나 역사를 모르는 청년들이 많아서 걱정이에요. 관심이 없어요.[17]

유치원에서부터 그룹을 만들어서 고려말을 가르쳐야 해요. 어렸을 때부터 교육을 해야 잘하게 돼요. 꼬마일 때부터 한국말하고 풍습지키면 얼마나 아름다워요. 그런데 젊은이들 사고방식이 우리와 달라요.[18]

이러한 문제를 해결하기 위해 알마티고려문화중앙에서는 청년들이나 노인들을 대상으로 한글학교를 운영하고 있다.[19] 이와 관련 인터뷰 내용을 살펴보면 아래와 같다.

무궁화학교에서 한글학교를 운영하고 있는데 교사가 2명 있어요. 청년반(15세~20세)은 매일(월~금) 저녁 5시~7시에 진행하구요. 한 20명이 참여해요. 노인반은 화, 목에 오전, 오후 두 그룹을 하고 있어요. 여기서 더 배우려

16 인터뷰: (김ㅇㅇㅇ/남/27세)

17 인터뷰: (김ㅇㅇ/여/66세)

18 인터뷰: (최ㅇㅇㅇㅇ/남/67세)

19 알마티한국교육원에서는 고려인들을 대상으로 한국어 교육을 비롯하여 한국의 역사, 문화, 그리고 음식 등 다양한 프로그램을 운영하고 있다. 2012년에는 고려노인대학을 개설하여 한국어, 한국역사강좌, 문화강습, 노래교실, 요리교실 등을 진행하고 있다. 『월드코리안』, 2014.03.07.

면 한국교육원에 가서 해요.[20]

다음으로, 고려인의 카자흐어 의사소통 능력은 〈표 5.3〉에서 보는 바와 같이, 네 문항 모두에서 보통 미만의 수준을 가지고 있는 것으로 나타났다. 특히 고려인들은 상대적으로 말하기와 듣기 영역에서 낮은 수준을 보이고 있다.

카자흐어는 꼭 배워야 해요. 이 나라 말이니까. 그런데 카자흐어 배운 적이 없어서 단어는 조금 알지만 말하는데 힘들어요. 아직도 카자흐사람들이 카자흐어를 잘 못한 편이에요. 주변의 친구들이랑 습관으로 러시아말을 많이 사용해요.[21]

표 5.3 카자흐어 의사소통 능력

	전혀 그렇지 않다	그렇지 않다	보통이다	그렇다	매우 그렇다	평균 (M)	표준편차 (SD)
내가 말하고 싶은 것을 카자흐어로 전달할 수 있다.	39.0	33.3	11.3	15.1	1.3	2.03	1.106
TV 드라마의 내용을 카자흐어로 설명할 수 있다.	43.4	35.2	10.7	10.1	0.6	1.89	.997
행정서류에 필요한 내용을 카자흐어로 적을 수 있다.	35.8	30.2	6.3	25.2	2.5	2.28	1.259
문자나 메일을 카자흐어로 보낼 수 있다.	37.7	29.6	13.8	16.4	2.5	2.16	1.174

2) 사회구성원 간 관계

사회구성원과 교류 및 소통은 소수민족이 거주국사회의 생활문화와 가

20 인터뷰: (김ㅇㅇ/여/66세)

21 인터뷰: (임ㅇㅇㅇ/남/43세)

치를 학습하고 공유할 기회를 가질 수 있다는 점에서 사회적응의 중요한 요인이 된다. 고려인의 사회구성원과의 관계적 특성을 살펴보면 〈표 5.4〉와 같다. 고려인들은 전반적으로 사회구성원 간 교류 및 소통이 활발히 이루어지고 있는 것으로 나타났다. 평균점수가 가장 높은 항목은 "나는 주변 사람들과 경조사가 생기면 서로 축하나 위로를 해 준다"(4.11)이며, 다음은 "나는 주변 사람들과 오락, 취미생활, 쇼핑 등 여가활동을 함께 한다"(4.02), "주변 사람들은 나를 구성원으로 인정하고 있는 것 같다"(3.94), "나는 주변 사람들과 어려울 때 서로 도움을 주고받고 있다"(3.88) 순이다. 평균점수가 가장 낮은 항목은 "나는 이웃을 초대하여 식사를 함께 한다"(3.45)이다.

표 5.4 사회구성원 간 교류 및 소통

	전혀 그렇지 않다	그렇지 않다	보통이다	그렇다	매우 그렇다	평균 (M)	표준편차 (SD)
나는 주변 사람들과 오락, 취미생활, 쇼핑 등 여가활동을 함께 한다.	8.2	7.5	8.2	26.4	49.7	4.02	1.275
나는 이웃을 초대하여 식사를 함께 한다.	15.7	20.1	6.3	18.9	39.0	3.45	1.546
나는 주변 사람들과 어려울 때 서로 도움을 주고받고 있다.	10.1	9.4	7.5	28.3	44.7	3.88	1.342
나는 주변 사람들과 경조사가 생기면 서로 축하나 위로를 해 준다.	6.3	10.7	3.8	23.9	55.3	4.11	1.258
주변 사람들은 나를 구성원으로 인정하고 있는 것 같다.	6.3	1.9	12.6	50.3	28.9	3.94	1.029

이와 같이 고려인들은 지역사회 주변의 이웃들과 원활한 관계를 형성하고 있다. 그런데 고려인의 타민족과의 결혼에 대한 인식을 보면, 세대별로 약간의 차이를 발견할 수 있다. 10대와 20대는 타민족과의 결혼에 대해 상대적으로 긍정적인 태도를 보이지만, 그 이외의 세대에서는 고려인

과의 혼인을 선호하는 입장이다. 또 어느 지역에 거주하는가에 따라, 즉 도시와 농촌을 비교하면, 도시 거주 고려인보다 농촌에 거주하는 고려인이 타민족과의 결혼에 보수적인 면을 보이고 있다.[22]

> 고려인에 대한 자부심은 많아요. 그래서 자녀들이 결혼은 고려인끼리 했으면 해요.[23]

3) 주류민족의 문화와 가치에 대한 태도

디아스포라의 위치에서 거주국사회의 문화에 대한 지식과 수용은 사회적응 과정에서 중요하다. 특히 체제이행기에 있는 사회에서 주류민족의 문화와 가치에 대한 인식과 태도는 더욱 그렇다. 〈표 5.5〉에서 보는 바와 같이, 고려인들은 카자흐민족의 문화와 가치를 익히고 받아들이는 것에 대해 긍정적인 태도를 취하고 있는 것으로 나타났다. 평균점수가 가장 높은 항목은 "나는 내가 사는 지역의 생활풍습이나 생활양식에 익숙해져야 한다고 생각한다"(4.13)이며, 다음으로 "나는 카자흐인과 고려인의 문화적 차이를 이해하려는 태도가 중요하다고 생각한다"(4.09), "나는 카자흐인과 고려인의 문화를 모두 받아들이면서 생활하고 있다"(3.92), "나는 카자흐인과 고려인의 문화를 연결하기 위해 노력하고 있다"(3.80), "나는 카자흐문화를 배우듯 고려인의 문화를 알리는 것도 중요하다고 생각한다"(3.79) 순이다. 이러한 사실에서 고려인들은 카자흐 문화와 고려인 문화 간의 교류와 소통을 중시하는 통합적 태도를 보이고 있다. 이러한 사실은 아래의 인터뷰 내용에서도 확인할 수 있다.

---

22 도시 거주 고려인은 '절대 반대' 3.2%, '가급적 안하는게 좋다' 31.2%, '상관없다' 65.6%를 보인 반면, 농촌 거주 고려인은 '절대 반대' 2.9%, '가급적 안하는게 좋다' 50.0%, '상관없다' 47.1%를 보였다. 건국대학교 통일인문학연구단(2012), pp. 175-176.

23 인터뷰: (임ㅇㅇㅇ/남/43세)

어머니가 계실 때는 집에서 된장, 간장, 김치 만들어 먹었지만, 지금은 김치만 해먹어요. 아파트에 사니까. 고려인 음식뿐만 아니라 카자흐스탄 음식도 자주 만들어 먹어요. 어떤 날은 카자흐스탄 음식 먹고, 또 어떤 날은 우즈베키스탄 음식 먹고, 시래기국, 된장국도 먹어요. 아내가 카자흐스탄, 우즈베키스탄 음식 잘 만들어요.[24]

표 5.5 주류민족의 문화와 가치에 대한 태도

	전혀 그렇지 않다	그렇지 않다	보통 이다	그렇다	매우 그렇다	평균 (M)	표준 편차 (SD)
나는 카자흐인과 고려인의 문화적 차이를 이해하려는 태도가 중요하다고 생각한다.	3.1	1.3	12.6	49.1	34.0	4.09	.892
나는 내가 사는 지역의 생활풍습이나 생활양식에 익숙해져야 한다고 생각한다.	0.6	1.3	11.9	56.6	29.6	4.13	.713
나는 카자흐문화를 배우듯 고려인의 문화를 알리는 것도 중요하다고 생각한다.	6.9	4.4	18.2	44.0	26.4	3.79	1.099
나는 카자흐인과 고려인의 문화를 모두 받아들이면서 생활하고 있다.	5.0	1.9	16.4	49.7	27.0	3.92	.981
나는 카자흐인과 고려인의 문화를 연결하기 위해 노력하고 있다.	3.8	6.9	20.8	42.8	25.8	3.80	1.024

4) 고려인의 민족차별 인식

다민족국가에서는 거주국의 민족정책에 따라 주류민족과 소수민족간의 협력내지는 갈등이 발생한다. 현재 카자흐스탄의 민족정책은 주류민족인 카자흐인의 민족의식을 고양하는 카자흐화 정책을 추진함과 동시에 다민족

---

24 인터뷰: (유가이ㅇㅇㅇ/남/44세)

국가인 카자흐스탄의 정체성을 만드는 '카자흐스탄화'를 통해 130여 민족의 특성을 보장하는 정책을 펼치고 있다[25] 이러한 맥락에서 고려인들이 일상생활에서 겪은 민족차별에 대한 인식 실태를 살펴보면 〈표 5.6〉과 같다.

표 5.6 고려인의 민족차별 인식

질문항목	최소값	최대값	평균	표준편차
고려인이라는 이유로 나를 무시하는 말이나 심한 표현을 들은 적이 있다.	1	5	2.41	1.197
고려인을 비하하고 무시하는 단어를 들은 적이 있다.	1	5	2.86	1.240
나의 외모나 언어에 대해 사람들이 거부감을 갖거나 싫어하는 느낌을 받은 적이 있다.	1	5	2.23	1.115
내가 고려인이기 때문에 잘 말하지도, 잘 듣지도 못하는 식의 대우를 받은 적이 있다.	1	5	2.69	1.197
내가 고려인이기 때문에 아플 때 의사나 주변사람이 대수롭지 않게 생각한 적이 있다.	1	5	2.31	1.103
고려인이라는 이유로 다른 사람이 내가 하는 말이나 행동을 못 미더워한 적이 있다.	1	5	2.19	1.052
고려인이라는 이유로 내가 궁금해하는 것을 모른척하거나, '몰라도 된다'며 대답해 주지 않은 적이 있다.	1	5	2.13	1.020
내가 할 수 있는 일인데도 고려인이라는 이유로 제대로 하지 못할 것으로 여겨 부탁 내지 요청 받지 못한 적이 있다.	1	5	1.93	1.007
고려인이라는 이유로 의사결정과정에서 내 의견이 무시당하거나 배제된 적이 있다.	1	5	2.06	1.023
고려인이라는 이유로 내가 식당, 커피숍, 편의점 등에 들어가면 주인이 무관심하거나 불편해한 적이 있다.	1	5	1.96	1.067

25 현승수(2014), p. 250.

질문항목	최소값	최대값	평균	표준편차
고려인이라는 이유로 같은 고려인에게 무시당하거나 무안을 당한 적이 있다.	1	5	2.42	1.165
고려인이 할 수 있는 마땅한 일자리를 찾기가 어렵다.	1	5	3.23	1.411
고려인은 능력에 상관없이 적절한 대우를 받지 못한다.	1	5	3.19	1.394
고려인이 즐길만한 문화, 여가시설이나 프로그램이 부족하다.	1	5	3.00	1.212
고려인이 필요로 하는 정보를 쉽게 얻을 수 없거나 이해하기 어렵다.	1	5	2.65	1.202
내가 사는 지역에서 고려인에 대한 차별을 느낀 적이 있다.	1	5	2.35	1.186
나는 일상생활에서 문화, 예절의 차이로 차별을 경험한 적이 있다.	1	5	2.39	1.227
카자흐스탄의 소수민족정책 때문에 차별을 경험한 적이 있다.	1	5	2.10	.982
내가 고려인이라는 이유로 직장에서 차별을 경험한 적이 있다.	1	5	2.36	1.166
내가 고려인이라는 이유로 학교에서 차별을 경험한 적이 있다.	1	5	2.11	1.010
나는 공무원 및 학교 교원채용과 관련하여 차별을 경험한 적이 있다.	1	5	2.39	1.185
나는 고려인 학교의 차별에 대해 경험한 적이 있다.	1	4	1.82	.716
나는 정부의 선거권제도 때문에 차별을 경험한 적이 있다.	1	5	1.89	.795

고려인들은 전반적으로 보통 미만의 점수를 보이고 있다. 질문항목 중에서 가장 긍정적인 평가를 하고 있는 항목은 "나는 고려인 학교의 차별에 대해 경험한 적이 있다."로써 평균 1.82로 나타났다. 다음으로, "나는 정부의 선거권제도 때문에 차별을 경험한 적이 있다"(평균 1.89), "내가 할 수

있는 일인데도 고려인이라는 이유로 제대로 하지 못할 것으로 여겨 부탁 내지 요청 받지 못한 적이 있다."(평균 1.93), "고려인이라는 이유로 내가 식당, 커피숍, 편의점 등에 들어가면 주인이 무관심하거나 불편해한 적이 있다."(평균 1.96), "고려인이라는 이유로 의사결정과정에서 내 의견이 무시당하거나 배제된 적이 있다."(평균 2.06), "카자흐스탄의 소수민족정책 때문에 차별을 경험한 적이 있다."(평균 2.10), "내가 고려인이라는 이유로 학교에서 차별을 경험한 적이 있다."(평균 2.11), "고려인이라는 이유로 내가 궁금해하는 것을 모른척하거나, '몰라도 된다'며 대답해 주지 않은 적이 있다."(평균 2.13), "고려인이라는 이유로 다른 사람이 내가 하는 말이나 행동을 못 미더워한 적이 있다."(평균 2.19), "나의 외모나 언어에 대해 사람들이 거부감을 갖거나 싫어하는 느낌을 받은 적이 있다."(평균 2.23) 순으로 나타났다.

구체적으로 민족차별에 관한 고려인들의 인식을 인터뷰 내용을 통해 살펴보면 아래와 같다.

> 독립해서 카자흐말 하라고 하니까 러시아 사람들이 싹 나갔어요. 그 사람들이 나가 없으니까 카자흐사람들이 아무것도 못했지. 그래서 카자흐말도 하고 러시아말도 해라 그렇게 했어요. 우리도 원동(연해주)으로 많이 나갔어요. 타쉬켄트(우즈베키스탄)에서도 많이 나가구요.[26]

> 소련시절에는 걱정 덜 하고 살기 편했어요. 대학교 졸업하면 바로 취업할 수 있었니까요. 아파트에서 사는 것은 크게 걱정 안됐어요. 지금은 일 많이 해도 아파트에서 살기가 힘들어졌어요. 너무 비싸요. 근데 옛날에 비해 열심히 일하면 더 잘 살 수 있고 찬스도 많아졌어요.[27]

현재 카자흐스탄은 민족주의 정책을 취하고 있지만 소련이나 우즈베

---

26 인터뷰: (조ㅇㅇㅇ/여/70세)

27 인터뷰: (유가이ㅇㅇㅇ/남/44세)

키스탄, 타지키스탄 등 독립국가에 비해 인종차별은 거의 없어요. 카자흐 민족도 옛날 소련시절에는 소수민족이었기 때문에. 나자르바예프[28] 대통령이 경제발전이나 민족화합을 잘 하고 있어요. 공화국이 발전하니까 크게 불편한 점은 없어요.[29]

그리고 부정적인 점수를 보인 항목은 "고려인이 할 수 있는 마땅한 일자리를 찾기가 어렵다고 생각한다."가 평균 3.23으로 가장 높았다. 이러한 사실은 현재 카자흐스탄 사회에서 진행되고 있는 체제이행기적 특성을 반영한 것으로 보인다. 따라서 향후 고려인들이 이에 대한 적극적인 대응을 하지 않을 경우 점차 주변화 될 가능성도 있다는 점에서 주목할 필요가 있다. 윤인진의 연구에서 확인되듯, 고려인들은 강한 민족주의 정책을 표방하는 새로운 정치경제체제에 능동적으로 대처하기 위해서는 주류민족의 언어를 습득하고 주류사회의 기회구조에 적극적으로 참여할 필요가 있다.[30] 다음으로, "고려인은 능력에 상관없이 적절한 대우를 받지 못한다."(평균 3.19), "고려인이 즐길만한 문화, 여가시설이나 프로그램이 부족하다."(평균 3.00), "고려인을 비하하고 무시하는 단어를 들은 적이 있다."(평균 2.86), "내가 고려인이기 때문에 잘 말하지도, 잘 듣지도 못하는 식의 대우를 받은 적이 있다."(평균 2.69), "고려인이 필요로 하는 정보를 쉽게 얻을 수 없거나 이해하기 어렵다."(평균 2.65) 순으로 나타났다.

---

28 면접조사 과정에서 발견한 나자르바예프 대통령에 대한 평가를 보면 다음과 같다. "카자흐스탄 사람들은 약간 너무 오래되어서 그만해야 된다는 생각을 가지고 있는 반면, 고려인들 입장에서는 대부분은 아니지만 아직 있었으면 좋겠다는 생각을 갖고 있어요. 왜냐하면 안전하고 일정하고 전쟁 같은 거 안 일어나고, 힘이 있어서 그런 부분을 막을 수 있고. 다음에 어떻게 될지 모르기 때문에 아직은 더 했으면 해요."(유가이ㅇㅇㅇ/남/44세) 기존의 연구에서도 이와 비슷한 결과를 밝히고 있다. 즉 고려인들은 나자르바예프 대통령에 대해 58.5%가 긍정적인 평가를 한 것으로 조사되었다. 명드미트리, "카자흐스탄 고려인의 민족관계 의식조사 보고서," 『재외한인연구』 7(1997). p. 228.

29 인터뷰: (김ㅇㅇ/남/77세)

30 윤인진(2014), p. 88.

5) 고려인의 삶의 만족도

카자흐스탄 고려인이 지역사회의 구성원과 함께 생활하면서 느끼는 삶의 만족도에 관한 설문조사 결과를 살펴보면 〈표 5.7〉과 같다. 현재 고려인의 카자흐스탄에서의 생활은 전반적으로 만족할 만한 수준으로 나타났다. 구체적으로 항목 간 평균값을 살펴보면, 평균점수가 가장 높은 항목은 "나는 현재 사귀는 친구들과의 관계에 만족한다."라는 항목으로 평균 4.43이다. 다음으로, "나는 가족들과의 관계에 만족한다."(평균 4.42), "나는 친척들과의 관계에 만족한다."(평균 4.38) 순으로 나타났다. 카자흐스탄 사람들과의 관계에 대한 만족도는 평균 4.04로 나타났다. 이러한 사실에서 카자흐스탄 고려인 가족을 비롯하여 친척이나 친구들과의 교류 및 관계에 만족하고 있으며, 이들을 통해 지역사회에서 안정적으로 적응하고 있음을 이해할 수 있다. 그러나 "현재 나의 한 달 수입에 만족한다"라는 항목은 평균 2.99로 나타난 것으로 보아, 현재 카자흐스탄에서 고려인의 경제생활은 상대적으로 불안정하다고 볼 수 있다. 이러한 결과는 "나는 현재 하고 있는 일에 대해 만족한다." 라는 항목의 평균이 3.47로 나타난 것에서도 확인할 수 있다. 또한 "나는 현재 사회생활에 만족한다." 항목의 평균은 3.56로 그다지 높지 않음을 볼 수 있다.

표 5.7 고려인의 삶의 만족도

질문항목	최소값	최대값	평균	표준편차
나는 현재 카자흐스탄에서의 생활에 만족한다.	1	5	3.77	.969
나는 일상적으로 먹는 음식에 만족한다.	1	5	4.21	.780
나는 일상적으로 입는 옷에 만족한다.	1	5	4.19	.756
나는 가족들과의 관계에 만족한다.	1	5	4.42	.630
나는 현재 사귀는 친구들과의 관계에 만족한다.	1	5	4.43	.568
나는 친척들과의 관계에 만족한다.	1	5	4.38	.643

질문항목	최소값	최대값	평균	표준편차
나는 카자흐사람들과의 관계에 만족한다.	1	5	4.04	.930
나는 요즘 신체 건강상태에 만족한다.	1	5	3.91	.992
나는 요즘 정신 건강상태에 만족한다.	1	5	4.21	.780
나는 현재 하고 있는 일에 대해 만족한다.	1	5	3.47	1.157
나는 현재 나의 한 달 수입에 만족한다.	1	5	2.99	1.222
나는 현재 사회생활에 만족한다.	1	5	3.56	1.047
나는 주변 사람들이나 일터에서 동료들과의 관계에 만족한다.	1	5	4.03	.889
나는 요즘 내가 하는 여가생활에 만족한다.	1	5	3.92	.849
나는 요즘 저녁시간이나 주말을 보내는 방법에 만족한다.	1	5	4.01	.846
나는 나의 삶에서 기쁨을 얻고 있다고 느낀다.	1	5	3.89	.808
나는 내가 원하는 만큼 자유가 있다고 느낀다.	1	5	3.82	.846
나는 전반적으로 나에게 만족한다.	1	5	3.94	.809
나는 현재 행복하다.	1	5	3.89	.755
나는 내가 가치 있는 사람이라고 느낀다.	1	5	3.82	.802
나는 정부가 시행하는 소수민족정책에 대해 만족한다.	1	5	3.29	1.021
나는 신문, 잡지, 인터넷사이트 등에 대해 만족한다.	1	5	4.00	.893
나는 고려인들과의 관계에 만족한다.	1	5	4.04	.818
나는 고려인의 단체나 조직에서 실시하는 행사에 만족한다.	1	5	3.87	.908
나는 정부의 선거방식에 대해 만족한다.	1	5	3.35	.942
나는 정부가 시행하는 고려인의 교육정책에 대해 만족한다.	1	5	3.48	.848
나는 정부가 시행하는 공무원 및 학교교원 채용에 대해 만족한다.	1	5	3.07	.962

반면, 카자흐스탄정부의 소수민족정책, 선거방식, 교육정책, 공무원 및 교원채용 등의 항목에서는 상대적으로 낮은 평균점수를 보이고 있다.

구체적으로 가장 낮은 평균값을 보인 항목은 "나는 정부가 시행하는 공무원 및 학교교원 채용에 대해 만족한다."로써 평균 3.07로 나타났다. 다음으로, "나는 정부가 시행하는 소수민족정책에 대해 만족한다."(평균 3.29), "나는 정부의 선거방식에 대해 만족한다."(평균 3.35), "나는 정부가 시행하는 고려인의 교육정책에 대해 만족한다."(평균 3.48) 순으로 나타났다.

3. 고려인의 사회정착기제

1) 고려인협회의 형성과정

(1) 형성과정

소련시기 고려인 단체의 결성은 고르바초프의 글라스노스트와 페레스트로이카 정책의 결과, 결사의 자유가 허용되면서 가능하게 되었다. 고려인들은 고려인이 모여 사는 국가 및 지역에서 고려인 단체, 문화센터를 결성하여 고려인 사회의 발전과 친선 도모, 민족문화·예술의 전승 및 민족교육의 확대를 위하여 제반 사업을 추진하고 있다. 특히 1988년 서울 올림픽을 계기로 소련지역 고려인사회에 민족적 자부심이 고취되면서 고려인 조직 결성 운동이 일기 시작 했다. 1989년 5월 5일 '모스크바고려인협회'가 설립되었고, 이를 전후로 카자흐스탄, 우즈베키스탄, 키르기스스탄, 타지키스탄 등에서 '고려인협회', '고려 문화 중앙'이라는 이름으로 고려인 조직들이 생겨났다.[31]

고려인 단체는 각 지역에서 독자적으로 활동을 전개해오다가 통합의 필요성을 절감하여 1990년 2월 모스크바에서 최초로 '고려인 연합회의'를 개최하고 동년 5월 17일에 '전소 고려인협회'를 창립하였다. 이에 따라 협

---

31 이하의 내용은 장원창, "카자흐스탄 독립 이후의 한인사회의 현황과 문제" 글에서 발췌하였음.

회 산하에 지역별로 지부를 결성하기로 하여 카자흐스탄 고려인사회에서는 '카자흐스탄 고려문화 중앙협회'가 창설되었다. '전소 고려인협회'의 강령은 스탈린주의에 의한 탄압정책의 유산의 완전한 청산, 재소고려인의 정치, 경제, 사회, 문화, 시민의 제권리 실현 및 보호, 민족적 자각과 역량의 발전, 민족어와 민족문화의 재생, 발전 등을 주요 목표로 하였다.

그런데 소연방이 붕괴되면서 각 공화국이 분리 독립됨에 따라 1992년 2월 '전소 고려인협회'는 임시회의를 개최하여 '국제 고려인 총연합회'로 개편되었다. 기존 조직을 그대로 인수하여 독립국가연합 각 지역의 '고려인협회'가 산하조직으로 결성되기는 하였지만, 이들과의 연대는 원활하지 못하여 사실상 독립국가별로 개별 활동이 이루어지고 있다. 왜냐하면 독립 후 개별 고려인 단체들이 각 국가의 한계를 현실적으로 뛰어 넘을 수 없는 상황이었기 때문이다. 그런 점에서 소련체제의 붕괴는 고려인의 단합에 있어서 새로운 장애가 되기도 했다.

카자흐스탄 고려인협회(AKK)의 설립 과정을 살펴보면 다음과 같다. 먼저, 1990년 3월 17일에 카자흐스탄 고려인사회는 '고려문화 중앙협회'를 조직하여, 산하에 7개의 주가 참가하였다. 1992년 제2회 총회에서는 17개주, 4개시, 6개군이 참가, 확대되었다. 이때 채택된 강령을 보면, '고려인의 민족 운동에 참가 조직,' '한국어·민족문화·민족예술 활동 촉진,' '구소련 한인의 자신의 역사 교육 활성화,' '해외 동포와 경제적·문화적 교류 증진' 등이다. 1995년 10월 제3회 총회에서는 '고려문화 중앙협회'라는 이름 대신에 '고려인협회'로 이름을 바꾸었으며, 구체적인 강령을 살펴보면 다음과 같다. 첫째, 모국어, 민족 문화·전통 및 관습의 부흥; 둘째, 고려인의 권리와 이해 보호; 셋째, 카자흐스탄의 민주화와 법치국가 건설에 고려인들의 적극적 참여; 넷째, 고려인의 상업 활동 지지; 다섯째, 한국과 미국, 일본 등 코리안들과 교류의 강화; 여섯째, 독립국가연합내의 고려인과 친목 및 평화 강화·협력 증진·연계활동의 발전 등이다.[32]

사진 5.1 카자흐스탄 고려인 회관

AKK는 카자흐스탄 고려인의 구심점 역할을 하고 있으며, 고려인사회의 최고기관으로서 정관계, 재계, 학계의 고려인들이 회원으로 참여하여 활동하고 있다. AKK 산하에는 카자흐스탄 각 지역 협회 지부, 카자흐스탄 중소기업협회, 카자흐스탄 고려인청년협회가 소속되어 있으며, 2000년에는 국가로부터 고려일보의 운영권을 넘겨받아 운영하고 있다. 2003년에는 협회 회원들의 기금 모금으로 고려인 회관을 건립했으며, 1937년 강제이주 당시 처음 도착한 시기인 9월에 고려인대회를 개최하고 있다.

(2) 조직구조 및 활동방향

AKK의 조직구조 및 주요 활동방향에 대해 살펴보면 다음과 같다. 먼

32 한반도의 분단은 재외동포사회에 큰 영향을 미치고 있다. 중앙아시아지역의 고려인사회에서도 친북한, 친남한, 중립적 단체로 분열되어 고려인의 단합을 저해하는 요소가 되고 있다. 고려인협회가 친남한계라면, '조선통일촉진위원회(ASOK)'는 친북한계열로 볼 수 있다. ASOK는 1989년 평양축전에 참가한 고려인들을 중심으로 타쉬켄트에 1989년 11월 결성되었다. 그러나 남북한의 국력의 차이로 ASOK의 활동은 거의 미미한 상태이다.

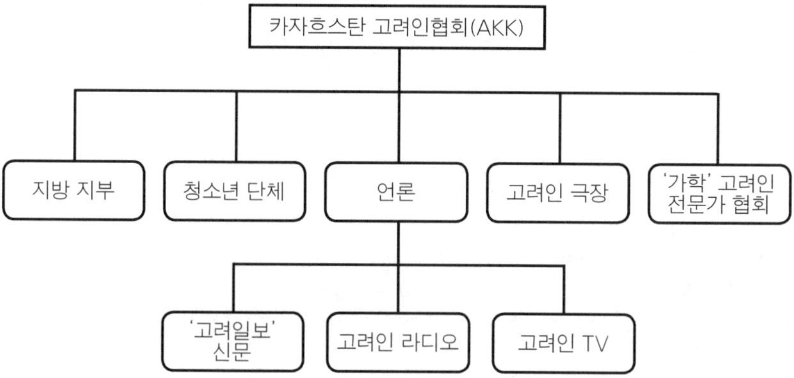

그림 5.1 카자흐스탄 고려인협회 조직

저, AKK의 조직은 19개의 지역지부, 청소년단체, 언론기관(고려일보, 고려인 라디오, 고려인TV), 고려극장, 가학 고려인전문가 협회 등으로 구성되어 있다. AKK의 조직도를 보면 〈그림 5.1〉과 같다.

AKK의 지역 지부는 아크몰린스크주, 알마티 고려인센터, 아크튜빈스크주, 아트라우주, 동카자흐스탄주, 제즈카즈간주, 서카자흐스탄주, 카라간다, 코스타나이, 콕세타우, 크즐오르다, 파블로다르, 북카자흐스탄주, 세미팔라틴스크, 타라즈, 남카자흐스탄주, 아크타우, 탈드쿠르간, 알마티주 등이다.

AKK의 주요 활동 방향을 살펴보면 첫째, 카자흐스탄의 정치·경제·사회·문화생활 참여; 둘째, 사회·인구학적 활동; 셋째, 역사적으로 형성된 카자흐스탄 고려인의 긍정적인 이미지 유지; 넷째, 카자흐스탄 내에서 한국어언론 효과성 확정; 다섯째, AKK의 조직적 재확립; 여섯째, AKK의 학문적인 활동; 일곱째, AKK의 국제협력 등으로 구분할 수 있다. 일곱 가지 활동 방향의 구체적인 내용을 보면 〈표 5.8〉과 같다.

표 5.8 AKK의 주요 활동 방향

구분	주요 내용
카자흐스탄의 정치 · 경제 · 사회 · 문화 생활 참여	■ AKK의 카자흐스탄 사회의 참여를 위한 사상적인 기초는 '유일한 카자흐스탄인 – 카자흐스탄 국민 형성 사상'에 달려 있다. 카자흐스탄 일반시민 이익을 위한 우선권은 제일 중요하다. ■ AKK는 카자흐스탄민족협회(Assembly of People of Kazakhstan)를 대표하며, 카자흐스탄 민족협회의 규칙, 지침, 계획을 실시한다. ■ AKK의 모든 활동은 카자흐스탄 애국주의 교육을 중심으로 한다. ■ 고려인의 카자흐어 향유는 카자흐스탄을 위한 애국심과 카자흐스탄 사회통합을 위해 적극적으로 활동한다.
사회 · 인구학적 활동	■ AKK 내부의 디아스포라적 주요 목표는 카자흐스탄 고려인의 순차적인 통합 및 연대성을 이루는 것이다. 또한 AKK를 위한 고려인들의 신뢰, AKK 전략 및 우선권 지원을 이루는 것이 주요 목적이다. ■ 고려인을 위한 통계자료, 고려인의 사회 · 인구학적 발전을 위해 다면적인 사회학적 연구 및 모니터링 시행
역사적으로 형성된 카자흐스탄 고려인의 긍정적인 이미지 유지	■ 카자흐스탄 고려인들의 긍정적인 이미지를 유지하기 위해 그들의 전투적인 위훈, 근로성과 등을 바탕으로 민족적인 상징요소를 개발함.
카자흐스탄 내에서 한국어언론 효과성 확정	■ AKK의 주요 활동방향에 따라 고려인 언론 전략을 수립하여 추진함. ■ 카자흐스탄 민족협회 언론, 특히 전자 매체를 만드는 이니셔티브를 잡음.
AKK의 조직적 재확립	■ AKK 의사 결정을 위원들의 투표를 통해 작성하는 고정된 맴버십(fixed-memership)으로 실시함. ■ AKK의 활동을 지부단체(AKK 지부)들을 통해 작성함. AKK 지부의 기능 가능성을 높이며 최대한도로 활용함. ■ AKK는 카자흐스탄 국내에 있는 모든 고려인 단체들이 독자성 및 독특성을 유지하며, 그들을 사상적으로 통합시키는 중심적인 기능을 한다.
AKK의 학문적인 활동	■ AKK에서 다양한 학문 분야에 따라 구체적인 프로그램, 프로젝트, 메커니즘을 작성하여 그들을 모델링 및 예보하는 연구팀(analytic group)을 만들기 ■ AKK가 계획하는 행사와 내리는 결정을 과학적으로 토론 및 조사하여 예상결과를 추측함

구분	주요 내용
AKK의 국제협력	■ AKK와 고려인의 모국(남 · 북한), 그리고 다른 국가에 거주하고 있는 코리안 디아스포라와 관계 발전을 위해 노력함. 현재 AKK는 모국과 문화 및 인문학적 관계뿐만 아니라 코리안들을 해외로 연결하는 포괄적인 다리 기능을 할 수 있는 가능성을 가지고 있다. ■ AKK는 한반도의 평화통일을 위해 협조하도록 한다. 이를 위해 한반도의 평화통일을 위한 여론을 연구하여 한반도 통일 현황에 대해 객관적으로 홍보한다.

2) AKK의 주요 활동

(1) 제1기(1990~1995)

AKK의 주요 활동 내용을 살펴보기 전에 AKK 제1기 회장을 맡은 '한구리 보리스비치'에 대해 살펴보면 다음과 같다. 한구리는 1931년에 딸드코르간주 카라탈스키 지역에서 태어났다. 그는 1954년에 카자흐스탄 국립대학을 졸업하였으며, 1987년 이후 부터 알마티 인문법률대학 철학과 교수로 활동하고 있다. 한구리는 많은 직함과 신분을 가지고 있는데, 그 중 대통령 산하 인권 공화당위원회의 회원, 유네스코 카자흐스탄의 국가위원회 위원, 자연과 사회에 대한 국제 아카데미 회원 등이 그것이다. AKK 제1기의 주요 임원들을 정리해보면 다음과 같다.

표 5.9 AKK 제1기(1990~1995) 주요 임원 명단

성명	직위 및 주요 경력
한구리	제1기 회장, 철학 박사, 알마티전문당원학교 학과장 교수
김유리	제1기 부회장, 카자흐스탄 공화국의 법무부 차관
황미하일	제1기 부회장, 생물과학 박사, 알마티수의학대
안블라지미르	카라간다주 고려문화센터 원장
김프리드리흐	농업박사, 농업대학 dozent(학위 직위)
권류드밀라	카자흐 과학 아카데미의 전임 연구원

성명	직위 및 주요 경력
김스베틀라나	'레닌기치' 신문사 편집부장
김블라지미르	고려극장 예술감독, 카자흐 공화국 예술가
이블라지미르	알마티 소련공산당시위원회 조직부 교관
박이반	물리 · 수학박사, 카자흐 공화국 과학 아카데미수학 · 역학 대학 부총장
박일(표트르)	대학 교수
박로잘리야	알마티 학교 외국어 선생
이유리	알마티 고려식당(도라지) 사장
한이노켄티	철학박사, 카자흐 공화국 과학 아카데미의 이인종(異人種) 간의 관계 연구센터 전임 연구원
한진	소련 작가 연합회의 회원, 카자흐스탄 작가 연합회
한옥쟈브리나	화학 박사, dozent(학위 직위), 잠블 고려문화센터 원장
한이브겐니	'레닌기치' 신문사 편집자, 크즐오르다주 고려문화센터
황마이	명예(소련에서의 칭호) 스포츠 감독, 카자흐스탄 국립 체육문화대학
소양화	'레닌기치' 신문사 편집자
정유리	'레닌기치' 신문사 직원
최연근	카자흐스탄 국가방송(TV, 라디오) 고려부장
넴라이사	민속 예술집의 상담가
윤세르게이	딸드코르간주 카라탈스키지역 고려문화센터 원장
신겐나지	알마티 주 '50년 옥쟈브랴' 마을 담당자
김블라지미르	침켄트 고려문화센터 원장
박아나톨리	구리에프 고려문화센터 원장
김빅터	발르하쉬 고려문화센터 부원장
본가이	아스타나주 고려문화센터원장
최니콜라이	꼭체타프 가금류의 생산조합 대표 이사
최유리	'베레케' 대표 이사

AKK 제1기의 활동 내용을 살펴보면 다음과 같다. 1990년 3월 17일 설립대회에서 한구리 회장은 고려인의 정체성의 부활을 강조하였다. 1991년 3월 27일 2차 카자흐스탄 고려문화 중앙협회 총회의에서는 모국

어와 민족 문화의 부활에 관한 지역 프로그램을 개발하였다. 이 프로그램의 목표는 민족의 정체성, 문화 그리고 모국어 교육에 필요한 재정적 기반 마련하는 것이었다. 아울러 이 프로그램은 과학·기술 및 예술의 발전, 민족 문화 교육, 체육·건강 그리고 스포츠 행사, 고려인의 건강 보호 정책, 자선 활동에 적극 참여하는 것과 국제사회와 적극적인 교류를 활성화하는 정책을 마련하였다. 1992년 4월 28일 한구리 회장은 고려인의 의식 변화만이 모국어 및 민족 문화의 부활이 가능하다고 주장하였다. 모국어 및 모국 문화는 의사소통의 중요한 수단으로 인식해야 하며, 이를 통해 카자흐스탄과 한국 및 북한간의 정치적·경제적 및 문화적 교류가 활성화될 것이라고 강조하였다.

고려인의 민족문화 부흥의 프로그램 구현은 아래와 같은 내용과 밀접히 연관되어 있다. 첫째, 카자흐스탄 고려인들은 잠블 주, 카라간다 주, 크즐오르다주, 딸드코르간주, 침켄트주, 알마티주의 도시 지역에 집중 거주하고 있다. 둘째, 모국어를 공부하고자 하는 주요 대상은 어린이와 청년층들이다. 셋째, 고려인의 교육과 고용의 수준은 전국의 약 두 배 이상 높은 것으로 나타난다.

그러나 한구리 회장은 고려인의 민족문화의 부활 프로그램을 추진하는데 있어서 여러 어려움이 있다고 지적했다. 현재 카자흐스탄에서 이루어지고 있는 모국어 교육의 상황을 보면 다음과 같다. 1991－1992년에 모국어 교육 현황을 보면, 침켄트주에서 48개 반에서 이루어지고 있어 학생 수는 653명이다. 그 중 35개 반은 침켄트시에서 14개 학교에서 하고 있으며, 드세트사이, 사르아가취, 벨르에 보드에서 11개 반이 운영되고 있다. 이외에 침켄트주의 야간학교, 컴퓨터 클래스, 어학 실습실, '이조고려'라는 교육·제작 스튜디오에서 이루어지고 있다. 크즐오르다주에서는 3개 학교 34개 반에서 이루어지고 있으며, 마을 3개와 한 재봉 공장에서 5개 반을 열어 교육하고 있다. 아울러 각 주의 지방문화센터에서도 자기 지역

사진 5.2 고려인협회 내 한복

에 거주하고 있는 고려인들을 대상으로 모국어 교육을 진행하고 있다. 그러나 이들 지역 이외의 만그스타우주, 세미팔라찐스크주, 우랄스크주, 발하쉬시 지역에서는 교사가 많이 부족하여 모국어 교육을 진행할 수 없는 상황이다. 부재하는 것은 가장 큰 문제로 보인다. 모국어를 교육을 받을 수 있는 기회가 없기 때문이다. 예컨대, 발하쉬시에서 1990년 11월에 '발하쉬메디' 회사의 유치원에서 아이들의 3개 반을 만들었지만 교사가 없는 이유로 교육을 시킬 수가 없었다. 카라간다주의 고려인은 약 1만 1천 5백여 명에 달하는데 모국어 교육은 3개 반 75명만이 교육을 받고 있는 상황이다.

카자흐스탄 독립 이후 경제구조의 전환은 고려인사회에 많은 영향을 미쳤다. 고려인협회는 새로운 경제시스템에 대해 고려인들이 적극적으로 수용하고, 참여해야 함을 강조하였다. 물론 이 회의에서도 모국어 교육이 지속적으로 이루어져함을 강조했다. 왜냐하면 카자흐스탄의 언어 정책, 즉 카자흐어가 국어로 격상되고, 러시아어는 공통어로 변경됨으로써 고려인의 모국어에 대한 관심이 많이 하락해질 것을 우려했기 때문이다.

카자흐스탄 고려인사회의 엘리트 그룹은 나자르바예프 대통령과 친밀한 관계를 구축하고 있으며, 주로 카자흐스탄의 북부지역의 정유소에 대한 통제권과 건설, 전자유통, 화장품, 컴퓨터, IT 분야에서 주도권을 가지고 있는 것으로 보인다.[33]

표 5.10 카자흐스탄 고려인사회의 엘리트 현황

성명	직위	비고
최유리	상원의원	카스피그룹(건설, 저자제품, 은행, 주류업 등)
김로만	하원의원	고려인협회 회장
신블로니스라브	시의원	알마티시의회
이이반	시의원 병원장	알마티시의회 국립병원 제7종합병원
김아파나시	차관	(전)문화부
오가이 에두아르트	사장	베르텍스(건설업)
김바체슬라프	회장	플라넷 엘렉트로니키(전자제품유통업체)
김에두아르트	대표	테흐노돔 플러스(전자제품, 유통업)
김아나톨리	작가	2005년 톨스토이 문학상 대상
정추	음악가	카자흐스탄의 윤이상
한구리	교수	알마티 인문법률대
박이반	교수	알마티 알파라비국립대 (전)카자흐스탄 수학연구소장

(2) 제2기(1995~2007)

1995년 12월 한구리 회장은 카자흐스탄의 변화에 맞추어 새로운 시

33 이재영 · 고재남 · 박상남 · 이지은, 『카자흐스탄 정치 엘리트와 권력구조 연구』(대외경제정책연구원, 2009), p. 55.

대를 준비하기 위해서 젊은 지도자들이 고려인사회를 주도해나가야 함을 강조하였다. 아울러 고려인사회의 점진적인 발전을 위해 물질적인 지원이 시급함을 지적하였다. 한구리 회장의 제안으로 최유리가 제2기 회장으로 선출되었다. 최유리는 고려인 3세로 카자흐스탄에서 성공한 고려인으로 평가받고 있다.[34] 최유리 회장은 고려인 회관을 건립하여 협회 산하 기구인 고려일보사, TV스튜디오, 무용스튜디오, 중소기업연합회, 한식당(Korean House) 등을 입주시켜 원활하고 안정적인 협회 운영이 가능하도록 했다. AKK 제2기 주요 임원들을 정리해보면 다음과 같다.

표 5.11 AKK 제2기(1995~2007) 주요 임원 명단

성명	직위 및 주요 경력
최유리	제2기 회장, Dostar 기업 이사장, 상원의원
니겐나지	제2기 부회장
김블라지미르	제2기 부회장, Dostar 기업 사장
김게르만	제2기 부회장, 알-파라비 카자흐스탄 국립대학교 한국학과 과장
김빅터	간부회 회원, 'Dostar' 기업그룹 부사장
니류보비	간부회 회원, 고려인 극장 원장
박이반	간부회 회원, 카자흐스탄 교육 · 과학부 수학 연구소의 부국장
한구리	간부회 회원, 카자흐스탄 국립법대학교 국제법학과장
신브로니슬라프	간부회 회장, ㈜Almatyqurylys 사장
김레오니드	간부회 회원, 'Dostar' 국제학교 학교장
강스벳틀라나	카자흐스탄 국립 관광 · 스포츠 아카데미 태권도 학과 교수
강세르게이	파블로다르 석유화학공장 first 부공장장
김아파낫시	카자흐스탄 예산결산 집행 통제 특별위원회 회원
김빅터	㈜Dostar-Kazakhstan 사장

34 최유리는 소련시기 복싱 영웅으로 알려졌으며, 1990년-1991년에 한국에서 복싱코치로 활동하다가 사업가로 변신하였다. AKK 회장을 거쳐 2007년에 상원의원으로 진출하였으며, 건설, 금융, 농산물, 전자 등의 분야에서 괄목할만한 성장을 이루어냈다. 특히 최유리는 차세대 고려인들이 전통문화와 모국어 교육을 위해 학교(도스타르 학교)를 설립했다. 고려일보, 2013.01.18.

성명	직위 및 주요 경력
강이브겐니	Kommesk-Omir 보험 회사 사장
김겐나지	알마티 기타 연주자 협회 회장
김마르가리타	㈜Dostar회사 인사부 감독관
김니키타	카자흐스탄-한국 기업인 협회 회장
김옥희	고려인라디오반송 편집 주간(chief editor)
김스타니슬라프	카자흐스탄 과학-문화발전재단 단장
김유리	카자흐스탄 헌법위원회 회장
이블라지슬라프	알마티시청 대표 전문가
이블라지슬라프	카자흐스탄 Bank CenterCredit JSC 이사장
이올레그	(유)Kristal-lem 사장
이세르게이	(유)Center-Press 재무담당 이사
이유리	㈜Orion-Kazakhstan 회장
니빅터	㈜Estetika 대표 이사
니레오니드	카자흐스탄 국립 과학아카데미 회원
니유리	알마티국제공항 영리활동관리소 소장
오스타니슬라프	(유)Tabigat 대표 이사
박엘리사베타	(유)Nemere 대표 이사
박유리	Kazakhoil 국립기업 장관(department head)
반알렉세이	AKK의 언론 담당 비서
손라브렌티	시나리오 작가, 영화감독
진발레리	AKK 청소년센터장
한세몬	Inkar 갤러리 갤러리장
허알렉세이	Karatal 회장
최영근	국제라디오방송국 국장
최엘라	고려사람 TV-studio 편집장
유로만	Dostar 기업 회사 관리 책임자(CHIEF MANAGER)
양운식	고려일보 신문사 편집장
이비취슬라프	아크몰라 이사회 의장, 카이나르대학 아크몰라주 캠퍼스 총장
김블라지미르	아크타우 이사회 의장, ㈜MEGIS회사의 연구소 소장

성명	직위 및 주요 경력
최콘스탄틴	아크토베 이사회 의장, 아크토베 사범대학교 부총장
신섹기	알마티주 고려센터 이사회 의장
최로베르트	알마티주 고려문화 센터 부의장
안 입겐니	㈜Ustkamenogorskiy hlebokombinat 이사회 회장
강니키포르	동카자흐스탄주 고려인협회 회장
한블라지미르	제즈카즈간 이사회 의장, Kazakhmys ATKS 부장
문빅터	서카자흐스탄 주 이사회 의장, 아마낫 우랄기술대학 교수
김릴리야	카라간다 이사회 의장
김레온티	(유)Pride 대표 이사
한블라지미르	코스타나이 이사회 의장
얀레오니드	Kazakhtan VEK 회장
천모이세이	콕체타우 이사회 의장
오애두아르트	크즐오르다 이사회 의장, Kazkor 합작 투자 전무 이사
박아다	파블로다르 이사회 의장
심펠릭스	북카자흐스탄 이사회 의장, 북카자흐스탄 국립 대학교 부총장
최스베틀라나	세메이 이사회 의장
인발렌티나	딸드꼬르간 이사회 의장
김로만[35]	카라탈구역 구역장
강라브렌티	타라즈 이사회 의장
안올레그	남카자흐탄주 이사회 의장

AKK는 카자흐스탄에 거주하는 고려인들을 대표하는 단체로써 고려인의 권익보호 등 제반 활동에 중심적 역할을 수행하고 있다. 고려인의 권익보호를 위해 AKK는 대통령 후보를 지지하는 활동을 펼치고 있다. 이러한 대통령지지 활동은 카자흐스탄만의 독특한 정치 환경에서 비롯된 것이다. AKK는 1998년 10월 16일에 알마티에서 긴급 회의를 개최하여

35 김로만은 고려인 3세로, 2007년부터 제3기 고려인협회 회장직을 수행해오고 있으며, 2012년에는 카자흐스탄 민족회의에서 소수민족 대표로 하원의원에 진출하였다.

대통령 후보인 누르술탄 나자르바예프를 지지하는 선언을 하였으며, 나자르바예프는 1999년 1월 대선에서 79%의 지지로 당선되었다. 1999년 총회에서 AKK 주요 목표는 모든 정치·사회 환경에서 자아 권위와 존중을 잃지 않는 단체를 형성하는 것이었다. 이를 위해 AKK는 경제 기반을 마련하는 것; 지방 단체의 권위를 강화시키는 것; 세대 간의 연속성을 보장하는 것; 미디어와 고려극장의 최적화; 국제 관계의 확립과 발전 등의 과제를 제시했다.

AKK 1기와 2기의 주요 활동을 요약해보면 다음과 같다. AKK는 초기 활동에서 모국어와 민족의 문화를 계승하고 유지하는 것을 주요 목표로 삼아 카자흐스탄과의 갈등을 최소화하는 정책을 추진했다. 이러한 모국어와 민족문화의 부흥은 고려인의 정체성을 확립하고 지속적으로 유지하는 데 크게 기여할 것으로 보인다. 제1기 회장인 한구리는 AKK의 지속적인 발전과 확장을 위해 젊고 유능한 역량을 가진 세대들에게 고려인사회를 주도할 수 있도록 세대교체 작업을 진행했다. 이러한 작업을 통해 AKK는 카자흐스탄 고려인사회를 대표하는 기관으로 성장하고 있으며, 다양한 영역에서 활동하고 있는 차세대들을 발굴하고 국제사회로 진출할 수 있는 계기를 마련하고 있다.

요약하면, 카자흐스탄 고려인협회는 제1기 한구리 회장, 제2기 최유리 회장(상원의원), 현재 제3기 김로만 회장(하원의원)에 이르고 있다. 앞서 보았듯이, 고려인협회는 모국어와 민족문화의 재생을 주요 목표로 내세우고 있다. 왜냐하면, 현재 카자흐스탄 고려인 중 젊은 세대와 카자흐스탄에서 태어난 고려인들의 경우 모국어 및 민족문화, 민족풍습을 거의 잃었기 때문이다. 아울러 최근에는 고려인사회의 세대교체가 진행되고 있다는 점에서 젊은 세대들이 고려인협회 임원으로 선출되어 활동하고 있다.[36] 이러

36 최근 젊은 고려인들의 한 단면을 보면 다음과 같다. "요즘 젊은 고려인들은 대학원에 진학하여 전문교육을 받는데 관심을 갖기보다는 돈을 쉽게 그리고 많이 벌 수 있는 분야에 진출하고 싶어

한 사실에서 고려인사회는 민족대표 단체인 고려인협회를 중심으로 민족의 언어와 문화, 역사를 배양하고 카자흐스탄의 문화와 가치를 수용하는 통합적 태도를 견지하면서 대처해 나갈 필요가 있다.

3) 알마티 고려인 민족문화중앙

카자흐스탄 알마티 고려인 민족문화중앙은 1989년에 설립되었다. 이 단체의 산하에는 원로인회의, 고향인민합창단, 재생법옹호단체, 사할린향우회, 고려노인회, 진달래여성클럽, 인삼쇼그룹, 비단길합창단, 독립알마티한국독립운동유공자후손자회, ASSA창작연합회, 장기클럽, 무궁화학교, 노인단, 친선클럽, 장교클럽, 의사회, 약속청년센터, 우리민족요리애호가클럽, 남성무용단, 사물놀이, 사임단 등 20여개 단체들이 활동하고 있다.[37]

사진 5.3 알마티 고려인 민족문화중앙 로고

해요. 통역하는거나 금융쪽에 관심 많아요."(김ㅇㅇㅇ/남/27세)

37 알마티 고려인 민족문화중앙의 산하 단체에 대한 소개는 『알마티 고려인 민족문화중앙』(2009)의 자료에서 발췌함.

■ 원로인회의

원로인회의는 알마티 고려인 민족문화중앙의 고문단 혹은 자문위원이다. 원로인회의는 9~11명으로 구성되어 있다. 원로인회의는 고려인 민족문화중앙의 활동 계획안 등을 수립하는 역할을 담당하고 있다.

■ 고향인민합창단

고향인민합창단은 1992년에 알마티 한국교육원과 알마티 고려인 민족문화중앙이 주도하여 창립했다. 합창단원 48명으로 구성되어 있으며, 카자흐어, 한국어, 러시아어로 노래를 부른다. 고려인의 전통명절, 축제, 카자흐스탄 축제 및 행사 때 공연을 한다.

■ 재생법옹호단체

재생법옹호단체는 1990년 8월 18일에 창립되었다. 이 단체의 목적은 강제이주를 당한 고려인의 인권을 보호하는데 있다.

■ 사할린향우회

1992년에 이산가족 결합을 위해 창립되었다. 2000년에는 '향우회 사할린 고려인 공동체'로 이름을 바꾸었다. 이 단체는 카자흐스탄 거주 사할린 고려인을 통합하는데 있다. 단체 구성원들은 알마티 고려인 민족문화중앙에서 개최하는 다양한 행사에 적극적으로 참여한다. 사할린향우회는 사할린과 한국에 있는 이산가족의 결합을 위해 적십자와 함께 사업을 전개하고 있다.

■ 고려노인회

고려노인회는 고려인 노인들이 알마티 고려인 민족문화중앙에서 개최하는 다양한 사회·문화 활동에 참여할 수 있도록 도와주는 단체이다. 단체의 구성원들은 200명이다. 그리고 단체는 가난하거나 신체장애자인, 고아인 단체 구성원들에게 물질적, 정서적인 도움을 주는 활동을 하기도 한다.

■ 진달래 여성클럽

진달래 여성클럽은 1995년에 창립되었다. 클럽의 목표는 문화적 소통과 고려인사회 민족교육, 민족 전통 및 풍습 등을 부활시키는데 있다. 1996년 7월 1일에 첫 전시회를 개최하였다. 매년 3월 8일 '국제여성의 날' 축제 때 다른 소수민족 여성 클럽들과 함께 축제 행사를 실시한다.

■ 인삼 쇼그룹

인삼 쇼그룹은 1996년 8월에 창립되었다. 인삼 쇼그룹에서는 6~12세 아이들을 뽑아 춤, 한국어, 그리고 연극 등을 가르친다. 인삼 쇼그룹은 카자흐스탄 축제, 춤 및 연극 대회 등에 적극적으로 참여하고 있다.

■ 비단길 합창단

비단길 합창단은 1997년에 창립되었다. 카자흐스탄 축제, 다양한 콘서트, 자선 콘서트에 적극적으로 참여하고 있다. '카자흐스탄 고려인 거주 70주년 기념행사'에서 카자흐스탄 고려인이 밀접히 거주하고 있는 지역을 중심으로 공연을 전개했다.

■ 독립 알마티 한국독립운동 유공자 후손자회

이 단체는 1998년 4월 22일에 창립되었으며, 한국독립 운동가들의 후손들로 구성되어 있다. 단체의 목표는 극동 한국독립 운동가들의 지위 및 이미지 복원, 카자흐스탄에서 살고 있는 독립운동가 후손 찾기, 독립 운동가들에 대한 DB 수집, 독립운동가들의 명예 회복 및 표창 등이다. 현재 독립 알마티 한국독립운동 유공자 후손자회에서는 350명의 멤버가 있다.

■ AssA 창작연합회

AssA 창작연합회는 2000년에 창립되었다. 이 단체의 목표는 카자흐스탄 다민족 문화 및 예술을 발전시키고, 젊은 예술가들의 재능을 지원하는데 있다. 단체의 첫 프로젝트는 'Assalamualeykum–Annyong' 제목 하에서 실시되었고 젊은 기타 연주자 재능자들을 뽑았다.

■ 장기클럽

장기클럽은 2001년 10월에 창립되었다. 클럽 구성원은 30대에서 80대에 이르기까지 다양하며, 45명의 회원들이 활동하고 있다. 두 달에 한 번 장기대회가 개최된다.

■ 무궁화학교

무궁화학교는 2001년에 창립되었고, 한국어를 교육시키는 것이 주요 목표이다. 무궁화학교는 알마티 고려인 민족문화중앙 산하에 있는 다른 단체들과 밀접히 연계하고 있다. 알마티 한국교육원의 지원을 받고 있으며, 2006년부터 무궁화학교의 우수학생들은 한국을 방문할 수 있는 기회를 제공하고 있다.

■ 노인단

노인단은 2003년에 고려인 노인들에게 물체 및 정서적인 지원하기 위해 창설되었다. 노인단은 현재 약 130명의 회원들이 있다. 노인단 멤버들은 1년에 2번 모임을 한다. 노인단 회원들은 설날, 추석 명절 때 실시되는 여러 행사에 적극적으로 참여한다.

■ 친선 클럽

친선클럽은 2004년 3월 20일에 창립되었다. 친선클럽은 고려인 간에 민족전통 문화 및 풍습을 부활시키는 기능을 하고 있다. 클럽 멤버들은 설날, 추석 등 명절 때 모이며,다양한 문화행사를 개최한다. 클럽 멤버들은 알마티 고려인 민족문화중앙에서 실시하는 모든 행사에 참여한다.

■ 장교클럽

고려인 장교클럽은 2005년 5월 7일 '2차대전 승전 60주년 기념행사' 때 설립되었다. 클럽의 목표는 고려인 장교들이 알마티 고려인 민족문화중앙의 행사 및 사회 활동에 참여할 수 있도록 지원하는데 있다. 현재 클럽의 멤버는 48명이다. 현재 위원 장교들의 계급은 대위부터 대령까지이다. 클럽은 현 군대 장교 및 예비군 장교들을 포함하고 있다.

■ 의사회

의사회는 2005년에 설립되었으며, 민족문화 및 전통의료에 관심이 있는 고려인 의사들로 구성되어 있다. 그들은 매달 자선활동을 한다. 특히 의사회 위원인 '드루즈바' 병원 의사들은 우슈토베와 인근에 있는 지역들을 방문하면서 무료로 환자들을 치료하는 활동을 하고 있다. 의사회는 카자흐·한국 병원들의 의사들을 초대하여 세미나 및 토론회를 운영하면서 선진기술들을 공유하고 있다.

■ 약속 청년센터

약속 청년센터는 2005년 7월 29일에 설립되었다. 센터의 목표는 고려인 청년들을 통합하여 그들의 문화, 스포츠, 교육 및 비즈니스 활동을 지원해 주는 데 있다.

■ 우리민족요리 애호가클럽

우리민족요리 애호가클럽은 2005년에 설립되었다. 클럽은 멤버들에게 고려인의 전통요리를 강습하고 있다.

■ 남성 무용단

남성무용단은 2005년 10월에 창설되었다. 남성무용단은 2006년에 카자흐스탄의 탈드쿠르간, 타라즈에서 공연을 했다. 2007년 12월 10일에 알마티에서 첫 솔로 콘서트를 개최했다.

■ 사물놀이

사물놀이 클럽은 2006년에 KOICA의 지원으로 설립되었다. 클럽은 알마티 고려인 민족문화중앙의 지원을 받고 있으며, 설날 등 명절 때 공연을 개최한다.

■ 사임단

사임단은 2008년에 창설되었다. 사임단은 고려인 젊은 세대에게 한국

사진 5.4 알마티 고려인 민족문화중앙의 전시물

전통 문화, 풍습, 한국 역사 등을 교육시키고 있다. 특히 한국 전통 춤, 꽃 장식 아트, 명상 등을 중심으로 교육하고 있다.

알마티 고려인 민족문화중앙의 주요 행사는 매년 개최하는 음력 설맞이 행사와 8·15광복절 기념행사 등이다. 고려인들은 민족의 명절인 음력 설날에 고려극장에 모여서 축제를 진행한다. 알마티 고려인 민족문화중앙 산하에 합창단, 무용단 등의 노래와 춤 공연이 이루어지고, 고려극장 단원들의 사물놀이와 부채춤, 북춤 등이 진행된다.

8·15광복절 기념행사는 카자흐스탄 민족회의, 카자흐스탄 고려인협회, 한인회 및 기업, 민주평통중앙아시아협의회 등 각계 각층의 지도자와 고려인들이 대거 참석하고 있다. 이 행사에는 알마티 고려인 민족문화중앙 산하 문화단체들의 기념공연이 이루어진다. 특히 2011년 광복절 기념행사부터 K-POP 공연을 가미하였으며, 2015년 광복절 기념행사에서는 'K-Culture day' 행사를 진행하였다.

사진 5.5 알마티 고려인 민족문화중앙 회원들의 설날맞이 행사 노래 연습

4) 고려일보

고려일보는 카자흐스탄 알마티에서 발간되는 고려인들의 신문이다. 고려일보의 역사에 대해 간략히 살펴보면 〈표 5.12〉와 같다.[38]

표 5.12 고려일보의 주요 약사

연월일	주요 내용
1922.8.27	『붉은 기』 제1호 창간(3호까지 발행)
1923.3.1	『선봉』(4호부터 발행)
1929.4	발행기관 변경(러시아공산당 원동변강위원회와 직업동맹 원동변강소비에트)
1937.9.12	제1644호 발간 후 폐간
1938.5.15	『레닌기치』 발행(카자흐스탄공화국 크질오르다주 쉬르다리야 구역신문으로 발행)
1940.3.21	크질오르다주 신문으로 격상
1953.11.11	카자흐스탄공화국 신문으로 격상
1961	공화국간 공동신문으로 격상
1978	카자흐스탄공화국 수도 알마티로 신문사 이전
1989	주1회, 1면 러시아어판 발행
1990.12.31	폐간
1991.1.1	『고려일보』 제1호 발행
1992	주3회 발행에서 주1회 발행으로 전환
2000.1.1	카자흐스탄고려인협회 운영권 확보

출처: 김성조(2017)

고려일보는 러시아 극동 연해주에서 1923년 3월 1일 『선봉』이라는 이름으로 창간되었으며, 극동에서 중앙아시아로 강제이주 당하기 전인

38 이하의 내용은 김성조, "레닌기치와 고려일보의 역사," 전남대 세계한상문화연구단, 『제156회 글로벌 디아스포라 포럼』(2017.01.19.) 자료에서 정리함.

사진 5.6 고려일보 창간 70주년 기념식[39]

1937년 9월 12일 제1644호까지 발행되었다. 『선봉』은 그 당시 어려운 상황에서 연해주에서 소수민족으로 살고 있던 한인들의 권익과 민족전통을 지키는 역할을 하였으며 항일투쟁, 한인사회의 문제를 비롯한 여러 중요한 뉴스를 제공했다. 특히 『선봉』은 러시아 극동지역에서 발간되는 동안 연해주 공산당 기관으로서 고려인들에게 사회주의 이념과 우월성, 소비에트사회에 대한 정보와 지침을 주는 한편, 한반도의 소식과 항일독립운동, 한인사회의 문화와 언어를 보급, 발전시키는데 중요한 역할을 담당했다.

중앙아시아로 강제이주 이후, 1938년 5월 15일에 『레닌기치』라는 이름으로 변경되었다. 『레닌기치』는 카자흐스탄 크질오르다주 쉬르다리아 구역신문으로 출발하였으며, 지면 크기는 A4, 월 15회 발간되었다. 1940년 3월 21일에는 중앙아시아아 지역에 살고있는 고려인 독자들을 충족시키기 위해 크즐오르다주 신문으로 지위가 격상되었다. 1953년 11월 11일

39 사진 제공자: 김성조

에는 카자흐스탄 공산당 중앙위원회의 결정으로 카자흐스탄공화국 신문으로 격상되었다. 1954년 1월 1일부터 A3 지면, 주 5회, 7000부를 발행하게 되었다.『레닌기치』는 직원 60여명, 본사기자, 직외기자, 특파원 그리고 고려인들이 집중 거주하고 있는 크질오르다, 타쉬켄트, 프룬제(현 비쉬케크) 등에 지사를 두어 운영하였다.『레닌기치』의 발행부수를 보면, 1973년에 1만 3500부, 1979년에 1만 1000부, 1987년에는 9,603부 등을 보였다. 이처럼 발행부수가 급속히 감소하게 된 배경에는 한글을 이해하는 독자층들이 감소하는 것과 밀접한 관련이 있다. 1938년부터 고려인의 학교는 폐교되었으며, 고려인들은 일상생활에서 우리말 대신 러시아어를 사용해야만 했다. 특히 젊은 층의 고려인들은 한글을 배우기보다는 소련사회에서 성공하기 위해 오직 러시아어 교육을 받아야 한다고 생각했기 때문이다.『레닌기치』는 젊은 층의 고려인들을 끌어들이기 위해 1989년부터 1주일에 한 번씩 러시아어로 발간되었다. 그러나『레닌기치』는 소련이 붕괴되기 전인 1990년 12월 31일에 폐간되었다.

1980년대 소련 고르바초프 서기장이 선포한 페레스트로이카 정책이 추진되면서 재소고려인사회에 민족의식을 싹트기 시작했다. 그 결과, 1989년 5월 5일 모스크바에서 재소고려인협회가 발족되었다. 재소고려인협회의 목적은 고려인의 민족문화와 언어의 재생 및 발전, 재소고려인들의 올바른 역사 정립에 있었다. 고려인협회의 활동을 재소고려인들에게 홍보하는데 기관지가 필요했고, 1991년 1월 1일에『고려일보』가 발간되었다. 1990년대 카자흐스탄은 독립이후 경기침체에 빠졌으며,『고려일보』또한 경제적인 어려움에 직면했다. 주 5회 발행되었던 것이 한글판 주 3회와 토요일 러시아어판 1회로 발행되었고, 1992년 후반기부터는 주3회에서 주1회 발행되었다. 결국『고려일보』는 2000년 1월 1일부터 카자흐스탄고려인협회에 운영권을 넘기게 되었다. 현재 고려일보는 주1회, 16면이 발행되고 있으며, 한글판은 4면을 차지하고 있다.

사진 5.7 고려일보

고려일보는 구소련지역에서 유일하게 한글로 신문을 발행하고 있다. 특히 고려일보는 구소련지역 고려인 작가들의 소설, 시, 학술논문 등을 적극적으로 발표하여 고려인의 정체성을 유지하고 민족문화를 계승하는데 구심점의 역할을 해오고 있다.

5) 고려극장[40]

카자흐스탄 알마티에 있는 고려극장은 디아스포라의 고난을 겪고 있는 고려인들의 삶을 예술화 시켜 온 공간이다. 1937년 스탈린에 의한 강제이주 이후, 카자흐스탄에 정착한 고려인들은 우리민족의 문화적 전통과 언어를 보존하기 위해 노력해왔으며, 고려극장은 그 중심의 역할을 수행해 왔다.

---

40 http://150korean.tistory.com/47(검색일: 2016.12.23)

사진 5.8 고려극장

고려극장은 카자흐스탄에서도 가장 오랜 문화 기관 중 하나이며, 세계에서 유일한 민족극장으로 알려져 있다. 80년이 넘는 기간 동안 고려극장 무대에서 250여건의 연극과 콘서트 프로그램이 상연됐고 500만 명 이상의 관객들이 관람했다. 고려극장에서 상연된 프로그램은 단순히 예술적 의미만을 지닌 것들이 아니다. 해외에서 독립운동에 헌신하던 지사들이나 일반적인 고려인들의 삶을 다루거나 〈춘향전〉, 〈심청전〉, 〈홍길동〉, 〈홍부전〉 등의 고전을 다루는 등 다양한 분야의 역사적 기록물들이 상영되었다.

고려극장의 극작가들이 우리의 고전작품들을 연극의 소재로 많이 다룬 이유는 민족정신의 확산 및 확인이라는 현실적 필요성 때문이었다. 소련시기 민족동화정책에 따라 잊혀져가는 모국어를 무력하게 바라보아야 했던 고려인사회의 지식인들은 자신들의 박탈감을 보상받기 위해서라도 연극 장르에 필사적으로 매달려야 했다. 온갖 어려움들을 극복하며 매년 몇 편씩의 연극을 무대에 올린 사실을 그런 절박감의 소산이었다. 또한 전

사진 5.9 고려극장 공연

후시기에 고려극장은 다른 민족들의 고전작품들을 무대에 올리기도 했다. 당시 고려인 관중들을 소련에 거주하는 다른 민족들의 문화유산과 접촉시키는 것이 또 다른 극장의 과업 중 하나였기 때문이었다. 무대에는 러시아, 카자흐스탄, 우크라이나, 그루지야 극작가들은 물론 서유럽의 고전들도 상영되었다.

고려인들에게 민족문화 수호자로서 큰 역할을 해온 고려극장이 평탄한 길만을 걸어온 것은 아니었다. 재정의 어려움을 겪거나, 제대로 된 공

사진 5.10 고려극장 사물놀이

사진 5.11 고려극장의 배우들

간을 갖추지 못하기도 했다. 1937년 강제이주 당시 극장은 카자흐스탄과 우스베키스탄으로 나뉘어 이주됨으로써 한동안 두 개의 극장으로 존재했다. 카자흐스탄 고려극장은 1942년 우슈토베로 옮겨져 주립극장이 되었다. 1947년에는 우즈베키스탄의 타쉬켄트 고려극장이 해체되어 카자흐스탄 고려극장으로 재결합되었다. 1959년에 다시 크즐오르다로 이주한 극장은 사할린조선극장을 합병하였고, 1963년에 국립극장 지위를 얻었다. 1968년에는 수도 알마티로 이전하여 "국립조선음악희극극장"으로 개명하였다. 같은 해에 가무단 "아리랑"을, 1993년에는 민속악단 "사물놀이"를 창단하였다. 고려극장은 소련의 해체로 위기를 겪었으며, 1997년 한국교육원으로 옮겨갔다가. 2004년 현재의 극장 건물로 입주하였다.

이러한 고려극장의 역사는 중앙아시아 고려인들의 역사이기도 하다. 극장이 걸어온 운명에는 마치 거울처럼 우리 민족의 역사가 반영되어 있다. 고려극장은 고려인들에게 민족문화를 유지시키고, 발현시키는 가장 큰 힘이다.

제6장 맺음말

이 책은 세계 180여 개 국에 살고 있는 코리안 디아스포라들이 거주국의 정치, 경제, 사회문화적 환경에 따라 서로 다른 삶의 궤적을 보여주고 있다는 데 주목하여, 이들의 현지 사회적응 양상을 살펴보는데 초점을 두었다. 구체적으로 중국조선족, 재일한인, 카자흐스탄 고려인들이 거주국 사회에서 어떻게 생활하고 있으며, 현지사회에서 겪는 차별은 어떠한지, 디아스포라적 위치에서 자신의 삶의 만족도는 어떠한지에 대해 살펴보았다. 아울러 이들이 현지사회에서 안정적으로 적응하고 정착하기 위해 구축한 다양한 수준의 사회정착기제에 대해 서술하였다. 이러한 목적을 달성하기 위해 연구자들은 기존에 출간된 문헌자료와 설문조사 자료, 그리고 현지를 방문하여 수집한 구술자료와 사진자료 등을 활용하여 분석하였다. 이 책의 주요 연구내용을 요약하면 다음과 같다.

① 중국, 일본, 카자흐스탄의 소수민족(외국인)정책을 간략히 비교해보면 다음과 같다. 첫째, 중국은 주류민족인 한족과 55개의 소수민족으로 구성되어 있다는 점에서 볼 수 있듯이, 소수민족은 중국의 국가발전에서 중요한 위치를 차지하고 있다. 그렇기 때문에 중국은 전체 인구의 8.5%에 불과하는 소수민족에 대해 우대정책을 펼치고 있다. 중국은 헌법과 민족구역자치법을 통해 소수민족의 독립을 인정하지 않지만 소수민족의 특정지역에 한해 민족자치를 보장하고 있다. 55개 소수민족 중 44개의 민족이 민족구역자치를 실시하고 있으며, 자치구는 5개 지역, 자치주는 30개 지역, 자치현은 120개 지역에 이르고 있다. 조선족은 1952년 9월에 길림성 연변지역에 연변조선족자치구를 성립하는 등 특정지역을 중심으로 민족자치를 실시하고 있다.

둘째, 일본은 한국과 마찬가지로 단일민족국가관을 유지해온 결과, 국내에 거주하고 있는 외국인에 대해 차별적이고, 배제적인 정책을 취하고 있다. 2000년대 이후에는 일계인을 비롯하여 이주민 등록자가 증가하면서 외국인도 지역주민이라는 사회적 인식이 확산되면서 다문화 공생 정책을 추진하고 있다.

셋째, 카자흐스탄은 1991년에 독립을 선언하면서 소비에트체제와 달리 카자흐인의 민족의식을 강화하는, 이른바 '카자흐화' 정책을 추진하고 있다. 구체적으로, 카자흐스탄의 정부기관은 카자흐인이 독점을 하게 되었고, 카자흐어가 국가어로 지정되는 등 카자흐민족을 중시하고 있다. 카자흐스탄은 헌법에서 민족의 다양성을 인정하고 언어를 포함한 다양한 권리를 보장하고 있지만, 정치적 권리만큼은 엄격히 제한하고 있다. 아울러 카자흐스탄은 '카자흐스탄 민족회의'를 설립하여 각 민족집단들을 감독하고 조율하는 등 130여 소수민족간의 갈등을 예방하고 친정부적 활동을 유도하고 있다.

② 중국조선족, 재일한인, 카자흐스탄 고려인의 현지 사회적응 양상을 비교해보면 다음과 같다.

첫째, 중국조선족은 통합정체성에 대한 측면에서, 조선족문화와 한족문화에 대한 이해가 높으며, 상호간의 교류를 중시하는 태도를 보이고 있다. 이러한 사실에서 연변조선족들은 문화접변의 유형 중 통합전략을 중시하고 있음을 알 수 있다. 언어소통 측면에서, 조선족들은 일상생활에서 중국어 사용이 전반적으로 높은 것으로 나타났다. 반면, 연변조선족들은 사회참여 활동은 상대적으로 활발하게 이루어지지 않은 것으로 나타났다. 조선족의 현지사회의 주변환경에 대한 인지 및 활동은 전체적으로 잘 형성되어 있는 것으로 나타났다. 지역주민과의 사회적 교류 및 관계 측면을 보면, 보통이상의 수준을 보이고 있다.

한편, 연변조선족들이 지역사회에 적응하는데 있어서 가족이나 친척, 친구 등으로부터 도움을 많이 받고 있는 것으로 나타났다. 즉 연변조선족들은 공식적인 사회적 지지보다 비공식적인 사회적 지지를 통해 중국사회에 안정적으로 정착하고 적응하면서 살아가고 있다.

둘째, 재일한인은 전반적으로 지역사회 주민과의 교류 활동 – 여가활동, 이웃과의 교류, 봉사활동 등 – 이 활발히 이루어지지 않고 있는 것으로 나타났다. 반면, 재일한인은 자녀들의 교육문제에 관한 활동에는 상대적으로 적극성을 보이는 것으로 나타났다. 언어소통 측면에서, 재일한인은 현지사회의 구성원들과의 의사소통에 큰 어려움이 없는 것으로 나타났다. 재일한인은 현지사회의 문화를 수용할 뿐만 아니라 모국의 문화를 현지사회에 전파하는 것에 긍정적인 태도를 가지고 있지만 모국과 거주국간의 문화 교류에는 상대적으로 소극적인 것으로 나타났다. 재일한인은 현지사회에 안정적으로 적응하고 정착하는데 가족이나 친척, 친구의 도움을 많이 받고 있는 것으로 나타나 비공식적 지지체계를 잘 구축하고 있는 것으로 이해할 수 있다.

셋째, 카자흐스탄 고려인은 소련시기 러시아화 정책에서 카자흐스탄의 독립 선언 이후 카자흐화 정책으로 전환되면서 현지사회에 안정적으로 적응, 정착하는데 상당한 어려움을 겪고 있다. 특히 카자흐스탄이 체제 전환 과정에서 카자흐어를 국가언어로 지정하면서 러시아어를 사용해 온 고려인들은 언어 소통면에서 많은 어려움을 겪고 있다. 고려인들은 전반적으로 현지사회 구성원과의 교류활동은 활발히 이루어지고 있다. 아울러 고려인들은 거주국사회의 문화와 가치를 적극적으로 이해하고 받아들이는 태도를 보이고 있다. 하지만, 고려인의 젊은 세대의 경우, 모국어, 민족문화 및 풍습 등을 거의 상실해가고 있다는 점에서 매우 우려할만한 수준이다.

③ 중국조선족, 재일한인, 카자흐스탄 고려인의 현지사회에서 겪는 차별 양상을 비교해보면 다음과 같다.

첫째, 중국조선족은 현지사회에서 생활하는 동안 겪는 차별에 대한 경험은 전반적으로 아주 낮은 것으로 나타났다. 또한 직장에서도 차별을 겪지 않고 안정적인 직장생활을 영위하고 있는 것에서도 확인할 수 있다. 이러한 사실은 무엇보다 중국 특색의 소수민족정책에 기인한다고 볼 수 있다. 중국은 헌법에서 각 민족은 평등하며, 합법적인 권리와 이익을 보장하는, 이른바 민족평등정책을 추구하고 있으며, 특정지역에 집중 거주하고 있는 소수민족에게 민족구역자치를 허용하고 있다. 이러한 정책으로 연변지역에 집중 거주하고 있는 조선족은 민족자치를 실시하는 등 소수민족으로서의 권리와 이익을 실현하는데 큰 어려움이 없는 것으로 이해할 수 있다.

둘째, 재일한인은 거주국의 특성상 각종 사회적 차별과 배제의 삶을 여전히 경험하고 있다는 점이 특징적이다. 특히 재일한인들은 부모세대뿐만 아니라 자녀들까지 사회적 차별과 편견이 지속되고 있다는 점에서 더욱 문제적이다. 재일한인들은 일제 식민지시대부터 현재에 이르기까지 현지사회의 차별과 편견을 극복하기 위해 저항투쟁을 지속하고 있다. 특히 재일한인들은 각급 공무원 채용, 민족교육, 선거참여 등에서 상대적으로 많은 차별을 경험하고 있는 것으로 나타났다.

셋째, 카자흐스탄 고려인은 현지사회에서 소수민족이라는 위치 때문에 겪는 사회적 차별은 전반적으로 보통 미만의 점수를 보이고 있듯이, 심각한 차별과 배제는 겪지 않고 있는 것으로 보여진다. 다만, "고려인이 할 수 있는 마땅한 일자리를 찾기가 어렵다"는 항목의 평균점수가 3.23으로 가장 높게 나타나, 현재 체제이행과정에 있는 카자흐스탄사회의 문제를 반영하고 있다. 다시 말해, 고려인들은 카자흐스탄사회에 안정적으로 적응하고, 정착하기 위해서는 카자흐어 사용 능력을 증진시키는데 노력해야 한다는 사실이다. 특히 차세대 고려인들은 카자흐어 뿐만 아니라 모국어를 비롯한 모국의 문화와 역사를 배우는데 적극 노력해야 할 것이다.

④ 중국조선족, 재일한인, 카자흐스탄 고려인의 현지사회에서 삶의 만족도를 비교해보면 다음과 같다.

첫째, 중국 연변조선족은 현재 자신의 삶과 생활에 대해 전반적으로 만족하고 있는 것으로 나타났다. 여러 항목 중에서도 "가족들과의 관계에 만족함", "현재 사귀는 친구들과의 관계에 만족함", "친척들과의 관계에 만족함" 등에서 만족도 수준이 매우 높게 나타났다. 요컨대, 연변조선족들은 가족이나 친척, 친구들과의 교류 및 관계에 크게 만족하고 있으며, 현지사회에서 정착, 적응하는데 이들과의 관계를 활용하고 있음을 이해할 수 있다. 반면, 연변조선족들은 중국정부의 소수민족정책, 선거방식, 교육정책, 공무원 및 교원채용 등의 항목에서 만족도 수준이 낮은 것으로 나타났다.

연변조선족의 삶의 만족도에 관한 27개 항목 중에서 가장 낮은 평균값을 보인 항목은 "현재 나의 한 달 수입에 만족함"이라는 항목으로, 평균 3.57을 보였다. 이러한 사실은 현재 연변조선족의 경제적 상황과 밀접히 연관되어 있다. 즉, 연변조선족은 1990년대 이후 보다 잘 살기 위한 목적으로 중국의 북경, 천진, 상해, 청도 등 내륙 및 연해의 대도시로, 그리고 한중수교 이후 한국으로 이주가 확대되고 있다는 점이다.

둘째, 재일한인은 현지사회에서 자신의 삶과 생활에 대해 전반적으로 보통이상의 만족도를 느끼고 있는 것으로 나타났다. 재일한인들은 "가족들과의 관계에 만족함," "현재 사귀는 친구들과의 관계에 만족함," "일상적으로 먹는 음식에 만족함," "친척들과의 관계에 만족함" 등의 항목에서 상대적으로 높은 평균값을 보였다. 반면, 재일한인들은 일본정부의 외국인 정책, 선거참여, 교육정책, 공무원 및 교원채용 등의 항목에서는 상대적으로 낮은 평균값을 보이고 있다. 이러한 사실에서 재일한인들은 가족을 비롯하여 친척이나 친구들과의 교류 및 관계에 만족하고 있으며, 이들을 통해 현지사회에서 안정적으로 적응, 정착하고 있음을 이해할 수 있다. 그러나 재일한인들은 여전히 일본사회에서 차별과 배제의 삶을 살아가고 있다.

셋째, 카자흐스탄 고려인은 현지사회에서 자신의 삶과 생활에 대해 전반적으로 만족하고 있는 것으로 나타났다. 고려인들은 중국조선족과 재일한인과 마찬가지로 가족, 친구, 친척들과의 관계에서 만족하고 있으며, 이들과의 관계를 통해 현지사회에 안정적으로 적응, 정착하고 있다. 그러나 "현재 나의 한 달 수입에 만족한다"라는 항목은 전체 항목 중에서 가장 낮은 점수(2.99)를 보이고 있는 것으로 나타나, 현지사회에서 고려인들의 경제생활은 상대적으로 불안정하다는 것을 알 수 있다. 또한 "나는 정부가 시행하는 공무원 및 학교교원 채용에 대해 만족한다"는 항목에서 평균 3.07을 보이고 있다는 점에서 카자흐어 사용이 매우 중요하다는 것을 확인할 수 있다.

⑤ 중국조선족, 재일한인, 카자흐스탄 고려인들이 현지사회에 적응하고 정착하기 위해 활용한 사회정착기제들을 비교해보면 다음과 같다.

첫째, 연변조선족은 중국 특색의 소수민족정책으로 인해, 조선족의 문화, 역사, 언어 등을 실현하고 발전시키는데 유리한 환경을 가지고 있다. 1952년 연변지역에 조선족 자치구역을 창립한 이래, 유치원에서부터 대학교육에 이르기까지 완전한 민족교육체제를 구축하여 민족언어를 통해 조선족의 역사와 문화를 계승, 발전시키고 있다. 연변조선족은 민족어로 된 신문이나 방송을 운영하고 있으며, 각종 출판 등을 자유롭게 하고 있다. 또한 연변조선족은 다양한 유형의 문화예술단체를 설립, 운영하여 연변조선족의 민족문화예술을 지속적으로 계승, 발전시키는데 노력하고 있다. 이외에도 조선족노인협회, 조선족기업가협회 등 부문별 단체를 결성하여 자치주내에서 안정적으로 적응, 정착하기 위한 다양한 활동을 전개하고 있다.

둘째, 재일한인은 일본의 차별, 배제적인 외국인정책에 맞서 다양한 부문에서 민족단체를 결성하여 저항투쟁을 전개하는 등 사회적 차별에 대응하고 있다. 재일한인사회는 민단과 조총련, 그리고 한인회 등을 결성하여 재일한인의 권익옹호와 민족정체성 유지, 사회적 차별 해소를 위한 다양한 운동을 전개하고 있다. 특히 오사카에 거주하고 있는 재일한인들은 민족정체성을 유지하기 위해 민족학급을 운영하고 있다. 아울러 제주 4·3항쟁과 관련된 단체를 결성하여 현지사회에서 4·3항쟁에 대한 기억을 재현하고 있으며, 모국과의 교류소통을 통해 자신들의 트라우마를 치유하고 정체성을 확인하는데 노력하고 있다.

셋째, 카자흐스탄 고려인은 1980년대 후반 소련의 개혁개방정책이 추진되면서 민족문화와 민족교육을 회복하기 위해 고려인이 중심이 되는 민족단체를 결성하기 시작했다. 카자흐스탄에 거주하고 있는 고려인들은 1990년 고려문화중앙협회를 결성하여 고려인의 민족언어, 민족문화, 민족예술 등 민족정체성을 강화하는 활동을 전개하고, 모국과의 교류활동을 강화하는 다양한 활동을 전개해오고 있다. 특히 카자흐스탄 고려인들은 고려일보와 고려극장을 유지하면서 고려인의 민족정체성 강화와 민족문화를 계승, 발전시키는데 노력해오고 있다.

지금까지 중국조선족, 재일한인, 카자흐스탄 고려인들을 통해 코리안 디아스포라의 현지 사회적응과 정착기제에 대해 살펴보았다. 그러나 이 책은 특정 지역을 대상으로 진행된 연구라는 점에서 세계 180여 국가에 거주하고 있는 코리안 디아스포라의 현지적응과 정착기제의 일반적 특성을 규명하는데 일정한 한계를 가지고 있음을 밝혀둔다. 이러한 한계는 앞으로 조사지역을 확대하여 다양한 사례들을 수집하고 조사하는 추가적인 연구를 통해 보완될 것으로 기대한다.

향후 연구과제는 중국조선족, 재일한인, 카자흐스탄 고려인들을 대상으로 현지사회에서의 의식주 생활, 모국에 대한 기억과 상징기제, 정체성, 모국과의 연계 등을 살펴볼 것이다. 이러한 연구는 코리안 디아스포라의 다중정체성을 밝혀내는데 기여할 것으로 보인다.

| 참고문헌 |

강재언 · 김동훈 저. 하우봉 · 홍성덕 옮김. 『재일한국조선인-역사, 현황, 전망』 서울: 소화. 2000.

건국대학교 통일인문학연구단. 『코리언의 생활문화』 서울: 선인. 2012.

곽현지. "저소득층 여성가장의 사회적 지지와 심리적 적응과의 관계에 관한 연구." 대구가톨릭대학교 대학원 석사학위논문, 2005.

구자억. 『재외동포 교육실태 및 인재육성 방안 연구(1): 중국 조선민족교육의 실태 및 발전방안을 중심으로』 한국교육개발원, 2008.

고모다 마유미, "일본의 다문화 공생은 가능한가," 『민족연구』 제 30호. 2007.

_____. "외국인 노동력"에서 '함께 살아가는 '주인'으로서의 인식전환,' 『민족연구』 제 34호. 2008.

김혁. "실증적 분석을 통한 중앙아시아 언어지위의 재구성 연구: 카자흐스탄, 우즈베키스탄을 중심으로." 제2차 중앙아시아 국내학술대회 자료집. 2010.

김남일 외. 『분단의 경계를 허무는 두 자이니치의 망향가』 서울: 현실문화연구. 2007.

김동우. "카자흐스탄 경제 및 은행산업 점검." 『KB경영정보리포트』 13. 2013.

김미령. "사회적 지지의 개념과 효과에 관한 이론 및 방법론적 고찰." 『임상사회산업연구』 제2권 제1호, 2005.

김상철. "카자흐스탄의 국가 정체성 형성과 특징." 『e-Eurasia』 11. 2009.

_____. "현대 카자흐스탄 20년의 발전과 고려인 사회의 변화." 『민족연구』 56. 2013.

김선풍 외. 『재중교포의 무형문화재: 연변조선족자치주 조사보고서』 대전: 국립문화재연구소. 2003.

김성조. "레닌기치와 고려일보의 역사." 전남대 세계한상문화연구단. 『제156회 글로벌 디아스포라 포럼』 2017.01.19.

김수진 · 차희원. "결속형, 교량형 사회자본과 커뮤니케이션 행위 특성이 음주운전에 미치는 영향: 계획된 행동이론의 적용과 확장." 『한국언론학보』 57권 1호, 2013.

김숙련 · 김영림. 『자랑스러운 조선민족의 자치주: 중국 연변』 파주: 김영사. 2005.

김순규 · 이주재. "국제결혼 이주여성의 한국어 능력과 사회적 지지가 한국생활 적응에 미치는 영향." 『한국가족복지학』 제15권 1호. 2010.
김연수. "여성결혼이민자 문화적응척도 개발 연구." 『여성연구』 제81집 2호. 2011.
김영란. "한국사회에서 이주여성의 삶과 사회문화적 적응관련 정책." 『아시아여성연구』 제45집 1호. 2006.
김영진. "카자흐스탄의 체제전환과 경제발전: 초기조건, 전략, 경제실적." 『슬라브연구』 25(1). 2009.
김용태 · 배철효. "북한이탈주민의 지역사회적응과 생활지원방안." 『한국경찰학회보』 제12권 3호. 2010.
김재관. "21세기 '중국 특색의 시민사회'의 변화와 발전에 관한 탐구: 국가—사회 관계의 변화를 중심으로." 『민주주의와 인권』 11권 1호, 2011.
김정훈. "결혼 이주 여성의 사회자본과 사회적응에 관한 연구." 광운대학교 대학원 박사학위논문. 2010.
김지미. "일본 지역사회에서의 재일한인의 '공민권운동': '차이'와 '평등'의 양립문제에 대한 대응을 중심으로." 『국제학논총』 제16집. 2011.
김천규. "중국의 환경문제와 중국정부의 대응." 『국토정책』 제162호, 2007,
김태기. "일본정부의 재일외국인정책과 재일한인청소년의 민족적 정체성의 변화에 관한 고찰." 『재외한인연구』 제18호. 2007.
김현선. "국적과 재일한인의 정체성: 조선 · 한국적 유지자의 삶과 의식을 중심으로." 『경제와사회』 가을호(통권 제83호). 2009.
라경수. "일본의 다문화주의와 재일코리언—'공생(共生)'과 '동포(同胞)'의 사이." 『재외한인연구』 제22호. 2010.
마츠다 토시히코. "재일한인과 뉴커머 문제." 청암대학교 재일한인연구소 제1회 국제학술대회, 『재일한인 디아스포라의 형성과 전개: 이주와 정주를 중심으로』 자료집. 2012.
명드미트리. "카자흐스탄 고려인의 민족관계 의식조사 보고서." 『재외한인연구』 7. 1997.
문소연. 『4 · 3으로 떠난 땅, 4 · 3으로 되밟다』 제주: 도서출판 각. 2013.
박금해. "중국의 민족정책: 연변조선족자치주에서의 민족정책의 실현." 한중수교20주년기념국제세미나. 2012.
박배균. "전문직 종사 외국인의 국내 적응의 지역적 차이." 『한국경제지리학회지』 제13집 1호. 2010.
박수영 · 최혜정 · 김순규. "사회적 지지가 중국 연변지역 조선족 청소년의 삶의 질에 미치는 영향: 자아존중감의 매개효과를 중심으로." 『청소년학연구』 제19권 제5호, 2012.
박용구. "재일한인의 나이그룹별 정체성에 대한 실증 분석." 『국제지역연구』 제13권 제2호.

2009.
박용구. "재일한인의 문화적 갈등과 분화하는 정체성." 『일어일문학연구』 제6집 2권. 2010.
박윤숙 · 윤인진. "탈북 청소년의 사회적지지 특성과 남한사회 적응과의 관계." 『한국사회학』 제41집 제1호, 2007.
박윤숙. "북한이탈청소년의 사회적 지지 특성과 남한사회 적응에 관한 연구." 서울여자대학교 박사학위논문, 2006.
박은미 · 이곤수. "다문화사회와 지역사회적응: 여성결혼이민자 사례를 중심으로." 『한국행정논집』 21집 2호. 2009.
박주연 · 김경신. "가족탄력성과 사회적 지지가 한부모의 심리적 복지에 미치는 영향." 『한국가족관계학회지』 제17권 제1호, 2012.
박주연. "가족탄력성과 사회적 지지가 한부모와 심리적 복지에 미치는 영향." 전남대학교 대학원 박사학위논문, 2011.
박지원. "사회적 지지 척도 개발을 위한 일 연구." 이화여자대학교 대학원 박사학위 논문, 1985.
배경희. "장애아동 가족이 인지한 사회적 지지가 부모의 양육부담 및 대처행동에 미치는 영향." 대구대학교 대학원 박사학위논문, 2007.
서광석. "다문화가족의 사회적응을 위한 지원정책에 관한 연구." 인하대학교 대학원 박사학위논문. 2011.
선봉규. "중국 연변조선족의 9 · 3절 기념축제의 콘텐츠와 정체성 연구." 『평화학연구』 제15권 3호. 2014.
______. "체제이행기 카자흐스탄 사회의 변화와 고려인의 적응." 『민족연구』 제61호. 2015.
______. "일본 오사카 재일한인의 현지 사회적응 양상에 관한 연구: 사회적 네트워크를 중심으로." 『인문사회 21』 제7권 4호. 2016.
설진배 · 김소희 · 송은희. "결혼이주여성의 사회적 연결망과 초국가적 정체성: 한국생활 적응과정을 중심으로." 『아태연구』 20(3). 2013.
성동기. "구소련 붕괴 후 우즈베키스탄과 카자흐스탄에 나타나는 고려인의 실태 비교." 『비교문화연구』 17. 2005.
______. "우즈벡 다민족정책과 민족주의: 현재의 시대적 상황에 따른 고려인의 위상 재조명." 『재외한인연구』 11. 2001.
성향숙. "결혼이민여성의 지역사회적응 특성." 『한국콘텐츠학회논문지』 제11집. 2011.
손영훈. "카자흐스탄의 '러시아인 문제'와 카자흐화 정책." 『중동연구』 25(2). 2006.
손충기. "외국인 근로자의 한국어 능력과 사회적 지지가 한국생활 적응에 미치는 영향." 『교육종합연구』 제11권 제4호, 2013.
신양섭. "소련붕괴 이후 중앙아시아 각 국의 문화정책 연구." 『중동연구』 22(1). 2003.
안태윤. "일본 야마가타현으로 결혼 이주한 한국여성들: 여성들의 삶의 적응 방식과 지역사회의 다문화전략." 『재외한인연구』 24. 2011.
양원식. "중앙아시아 카자흐스탄 고려인들의 사회문제." 『재외한인연구』 7.1998.
오희연. "일본의 동화정책과 재일한인의 민족정체성 상실." 『민족연구』 제8호. 2002.
우영란. 『중국의 한겨레: 한국인, 조선족』 파주: 한국학술정보. 2008.
유혁수. "재일동포의 법적 지위 및 사회적 위상: 1991년 합의각서 이후를 중심으로." 『일본비평』 12호, 2015.
유혁수 · 신기영. "'사실로서의 재일'과 '변하지 않은 일본'의 교차." 『일본비평』 14호. 2015.
윤인진. "독립국가연합 고려인의 사회정체성과 언어 사용 실태." 『재외한인연구』 33. 2014.
윤일성. "재일한인의 사회적 적응과 정체성에 관한 연구." 『한국문학논총』 34. 2003.
이경숙. "결혼이주여성의 결혼 만족도 영향요인 분석." 원광대학교 대학원 박사학위논문, 2010.
이규태 · 구광범. 『중국의 소수민족정책 변화와 정책적 함의』 경제인문사회연구회 대중국종합연구 협동연구. 서울: 경제인문사회연구회. 2011.
이소래. "남한이주 북한이탈주민의 문화적응 스트레스에 관한 연구." 이화여자대학교 대학원 석사학위논문, 1997.
이소영 · 선봉규. "연변조선족자치주 조선족의 '사회적지지'가 중국사회 적응에 미치는 영향." 『동북아연구』 재30권 2호. 2015.
이승훈. "일본에서 '재일한국인'으로 살아가기." 『한일민족연구』 제18호. 2010.
이재민 · 황선영. "북한이탈주민의 남한사회 적응에 영향을 미치는 요인." 『사회복지정책』 제3집. 2008.
이재영 · 고재남 · 박상남 · 이지은. 『카자흐스탄 정치 엘리트와 권력구조 연구』 대외경제정책연구원. 2009.
이주재 · 김순규. "결혼이주 여성의 사회관계망이 심리적 적응에 미치는 영향." 『한국가족복지학』 15(4). 2010.
이진숙. "국제결혼 이주여성의 문화적응 스트레스와 관련 요인에 대한 연구." 『한국생활과학회지』 제19권 6호. 2010.
이진영. "이주 150년 고려인과 통일." 『통일고리』 97. 2014.
임석회. "결혼이주여성의 지역사회 적응 요인에 관한 연구." 『한국경제지리학회지』 제12권 제4호, 2009.

임영언. “재일한인 연구에 관한 국내외 자료 고찰.” 제주대학교 재일제주인센터, 『재일 한국인 연구의 동향과 과제』 제주: 제주대학교 제일제주인센터. 2014.
임영언 · 임온규. “일본의 이민정책과 일계인의 모국귀환정책 연구: 재외방인 우수인재 유치정책을 중심으로.” 『일어일문학』 제63집. 2014.
임영언 · 허성태. “재일한인의 정체성 기반의 상징문화: 2 · 8독립선언과 6 · 25전쟁 참전 기념비를 중심으로.” 『Journal of International Culture』 8－1. 2015.
임채완 · 선봉규 외. 『코리안 디아스포라: 이주루트와 기억』 성남: 북코리아. 2013.
임채완 · 선봉규. “디아스포라적 문화접변과 동반성장에 관한 연구: 일본 오사카지역 재일한인을 중심으로.” 『민족연구』 60. 2014.
장미경. “청소년의 상담추구행동과 사회적 지지 망의 관계에 관한 연구.” 『한국사회심리학회지: 학교』 제9권 제2호, 2012.
장서진. “사회자본과 사회적 지지의 지각수준이 치매 예방 행동의도에 미치는 영향: 한국 문화적 특성인 가족건강성의 조절효과.” 이화여자대학교 대학원 석사학위논문, 2014.
장한나 · 윤기찬. “결혼이주여성의 지역사회 적응에 미치는 영향요인 분석: 로컬거버넌스 관점에서.” 『지방행정연구』 제24집 2호. 2010.
전일욱. “중국 소수민족 정책에 대한 SWOT 분석.” 『평화학연구』 제10권 4호. 2009.
전현모 · 안성근. “외식업체 종사원의 심리적 자본이 직무만족에 미치는 영향: 사회적 지지의 매개효과를 중심으로.” 『외식경영학회』 제15권 제3호, 2012.
전형권 · 이소영. “국제결혼이주자들의 사회적 연결망과 초국가성: 광주 · 전남지역 여성결혼이민자 사례를 중심으로.” 『한국동북아논총』 68. 2013.
정미애. “일본의 외국인정책과 다문화공생정책의 간극.” 『의정논총』 제5권 2호. 2010.
정신철. 『중국조선족사회의 변천과 전망』 중국: 요녕출판사. 1999.
정진경 · 양계민. “문화적응이론의 전개와 현황.” 『한국심리학회지』 제23집 1호. 2004.
정진성. “조총련 조직연구.” 『국제 · 지역연구』 14권 4호. 2005.
지충남. 『재일한인 디아스포라: 재일본대한민국민단과 재일본한국인연합회의 단체활동과 글로벌 네트워크』 파주: 마인드탭. 2015.
최병두. “외국인 이주자의 지역사회 적응과 지리적 지식.” 『한국경제지리학회지』 제13권 제1호. 2010.
천수산. 『중국 조선족 풍속』 중국: 민족출판사. 2008.
파르피에브 스름. “위구르인의 민족정체성 연구: 카자흐스탄의 민족정책과의 상관성을 중심으로.” 전남대학교 대학원 디아스포라학협동과정 석사학위논문. 2015.
한국언론재단. 『재외동포 언론 실태와 현황』 서울; 커뮤니케이션북스. 2007.

한건수. "농촌지역 결혼이민자 여성의 가족생활과 갈등 및 적응." 『한국문화인류학』 제39집 1호. 2006.
한룡길. "조선민족의 전통미덕을 토대로 한 '연변조선족자치주노인절.' 『비교민속학』 47집. 2012.
한발레리. "중앙아시아 고려인의 적응 및 사회적 지위, 그리고 성공." 『디아스포라연구』 5(2). 2011.
현경자 · 김연수. "여성결혼이민자의 한국생활적응 측정 도구 개발 연구." 『보건사회연구』 31(4). 2011.
현승수. "다민족 국가 카자흐스탄의 소수민족 정책: 체첸인구시인 디아스포라의 사례." 『러시아연구』 24(1). 2014.
호사카 유지. "재일한인의 법적 지위: 개정된 '국적법'과 '입관법'을 중심으로." 『평화연구』 제8집. 1999.
홍미기. "결혼이주여성이 인지한 문화적응 스트레스와 부부적응에 관한 연구: 사회적 지지와 부부의사소통의 매개효과를 중심으로." 이화여자대학교 대학원 박사학위논문. 2009.
홍봉선 · 아영아 · 우은정. 『결혼이주여성의 지역사회적응 척도 개발 연구』 부산: 부산복지개발원. 2012.
황기우. "중국 조선족의 민족교육 실태 분석." 『교육문제연구』 제21집. 2004.

Ataca and Berry, J. W. "Psychological, sociocultural and martial adaptation of Turkish immigrant couples in Canada." *International Journal of Psychology, vol.37, no.1. 2002.*
Barrea, M. "Distinctions between social support concepts, measures, and models." *American Journal of Community Psychology, vol. 14. no. 4, 1986.*
Barry, D. T. "Development of a New Scale for Measuring Acculturation: The East Asian Acculturation Measure(EAAM)." *Journal of Immigrant Health, vol.3, no.4. 2001.*
Berry, J. W. "Immigration, acculturation and adaptation." *Applied Psychology: An International Review, vol.46. 1997.*
Berry, J. W., Kim, U., Power, S., Young, M., & Bujaki, M. "Acculturation attitudes in plural societies." *Applied Psychology. vol.38. 1989.*
Gibson, M. A. "Immigrant adaptation and patterns of acculturation." *Human*

Development. vol.44, no.1. 2001.

Hirsch, B. "Natural Support System and Coping with Major Life Change." *American Journal of Community Psychology, vol. 8, 1980.*

Kaplan, H. B., Robbins, C., & Martin, S. S. "Antecedents of psychological distress in young adults: Self—rejection, deprivation of social support, and life events." *Journal of Health and Social Behavior, vol. 1, 1983.*

Patrick W. C. & Sean. M. P. "Social Support and Recovery in people in serious Mental Illnesses." *Community Mental Health journal, vol. 40. no. 6, 2004.*

Redfield, R. Linton, R., & Herskovits, M. J. "Memorandum for the study of acculturation." *American Anthropologist. vol.38. 1936.*

Thoits, P. A. "Conceptual, Methodological, and Theoretial Problems in Studying Social Support as a Buffer Against Life Stress." *Journal of Health and Social Behavior, vol. 23, 1982.*

______, P. A. "Social Support as Coping Assistance." *Journal of Consulting and Clinical Psychology, vo1. 54, 1986.*

Stephenson, M. "Development and validation of the Stephenson Multigroup Acculturation Scale(SMAS)." *Psychological Assessment. vol.12. no.1. 2000.*

Stone, W. *Measuring social capital: Empirical meaning and measurement validity. Research paper. 27. Australian institute of family studies. 2001.*

Suinn, R. M., Rickard-Figueroa, K., & Lew, S., & Vigil, P. "The Suinn-Lew Asian Self-Identity Acculturation Scale: An initial report." *Educational and Psychological Measurement. vol.47. no.2. 1987.*

Ward, Colleen. "Acculturation." In Dan Landis and Rabi S. Bhagat(Eds.). *Handbook of Intercultural Training. Thousand Oaks. CA: Sage. 1996.*

http://150korean.tistory.com/47(검색일: 2016.12.23)

http://encykorea.aks.ac.kr/Contents/Index?contents_id=E0049043, 검색일: 2016.12.22)

http://encykorea.aks.ac.kr/Contents/Index?contents_id=E0049043, 검색일: 2016.12.22)

http://jeju.eduhope.net/net/%C0%CC%B4%F6%B1%B8.htm(검색일: 2015.02.05)

http://ko.wikipedia.org/(검색일: 2014.11.05)

http://www.centrasia.ru/newsA.php?st=1074842940(검색일: 2015.02.05)
http://www.centrasia.ru/newsA.php?st=1074842940(검색일: 2015.02.05)
http://www.ckywf.com/blog/read/f_jinxikuan/136547/0/0(검색일: 2016.12.23)
http://www.iybrb.com/about.aspx?t=1(검색일: 2016.12.23)
http://www.jlcxwb.com.cn/(검색일: 2016.12.23)
http://www.kansaikorean.org/rule.php?me_code=1030(검색일: 2016.12.28)
http://www.kaznu.kz/ru/1969(검색일: 2014.11.20)
http://www.kaznu.kz/ru/1969(검색일: 2014.11.20)
http://www.mindan.org/kr/front/newsDetail.php?category=2&newsid=8400(검색일:
http://www.mofa.go.kr/(검색일: 2015.01.30)
http://www.mofa.go.kr/main/(검색일: 2015.11.05)
http://www.parlam.kz(검색일: 2015.02.05)
http://www.parlam.kz(검색일: 2015.02.05)
http://ybcps.com/HTML/CBSJS.aspx(검색일: 2016.12.23)

경향신문, 2008.07.04; 2016.02.26.
고려일보, 2013.01.18.
길림신문, 2014.05.21; 2015.12.16; 2016.01.30.
뉴스한국, 2015.02.08.
동북아신문, 2016.06.14.
시사저널, 2000.03.23.
아시아뉴스, 2015.04.20.
안양시민신문, 2011.07.04.
연합뉴스, 2011.07.08; 2014.01.16; 2015.08.05.
월드코리안, 2014.03.07.
인민넷, 2012.07.23.
재외동포신문, 2003.05.05; 2005.09.30; 2011.05.12.
제주의 소리, 2010.12.06.
제주일보, 2010.07.26.
중앙일보, 2006.5.17; 2013.07.06.
한겨레21 〈제575호〉, 2005.05.30.
한겨레신문, 2006.01.01.

한호일보, 2014.11.13.
해란강, 2013.12.03.

Break News, 2006.06.26.
NKchosun, 2013.10.29

찾아보기

(ㄹ)

(ㅁ)

(ㅂ)

(ㅅ)

(ㅇ)

(ㅈ)

(ㅊ)

(ㅋ)

(ㅌ)

(ㅍ)

(ㅎ)

(기타)